Daniel Goyeau
Amine Tarazi

La Bourse

NOUVELLE ÉDITION

La Découverte
9 *bis*, rue Abel-Hovelacque
75013 Paris

ISBN 2-7071-4805-9

Introduction

Les marchés financiers en général et les Bourses de valeurs en particulier ont de tous temps exercé fascination ou répulsion sur les individus. Longtemps décriée par certains ou adulée par d'autres, la Bourse n'en a pas fini de déchaîner les passions et d'entretenir les querelles. Depuis l'avènement de la société de marché, elle n'a cessé d'occuper les devants de la scène au cours des périodes les plus prospères mais aussi les plus instables de l'histoire.

Souvent comparée à un casino où se joueraient des destinées humaines, voire à un temple immoral de la spéculation, la Bourse a pourtant joué un rôle moteur dans le développement économique depuis deux siècles. Une brève rétrospective sur la Bourse en France devrait nous convaincre de l'utilité de sa fonction dans l'accompagnement de l'innovation et du développement économiques avec toutefois comme contrepartie des soubresauts inévitables.

Émergence et développement de la Bourse de Paris

Si les premières Bourses remontent aux temps des Romains, ce n'est qu'au XVe siècle qu'elles ont connu un premier essor, notamment avec l'effervescence des foires françaises, italiennes et flamandes. Puis, avec l'affirmation du capitalisme, de véritables Bourses de valeurs sont progressivement instaurées. Au XVIIe siècle, le Stock Exchange de Londres, tout d'abord, s'installe dans la City, suivi en fin de siècle par d'autres Bourses européennes et celle de New York à Wall Street.

En France, c'est en 1595 que la première et longtemps la plus importante Bourse est née à Lyon. La Bourse de Paris, quant à elle, ne fut constituée qu'en 1724. Mais il a fallu attendre plus d'un siècle pour que le marché des actions parisien décolle. Il faut dire que la forte inflation et la chute de la monnaie, l'assignat, qui ont fait suite à la Révolution de 1789, ont conduit à la fermeture de la Bourse et au remboursement partiel des dettes publiques en monnaie fortement dépréciée. Cela n'a fait que confirmer la méfiance de l'aristocratie et de la bourgeoisie traditionnelle à l'égard de l'épargne financière, confortant leur attrait pour les placements fonciers.

Dès le début du XIXe siècle, plusieurs réformes des institutions vont favoriser le décollage et le développement de la Bourse de Paris qui connaîtra ensuite un essor irrégulier. Pour cerner ce dernier, on peut se référer à l'étude d'Arbulu [1999] qui retrace l'évolution du poids économique du marché parisien en rapportant la capitalisation boursière (la quantité de titres émis multipliée par leur prix) au produit intérieur brut ainsi que la ventilation de la capitalisation boursière par secteurs économiques. On distingue ainsi trois phases d'expansion. La phase d'émergence de 1802 à 1850 où la capitalisation est inférieure à 10 % ; la phase de développement du marché entre 1850 et 1870 où son poids économique excède 20 % ; et ensuite une phase de maturité avec un ratio de capitalisation qui approche les 40 %.

Émissions en actions des principaux secteurs à la Bourse de Paris au XIXe siècle

Secteurs en %	1801-1815	1816-1830	1831-1848	1849-1870	1871-1918
Total (millions francs)	**126**	**187**	**975**	**3 641**	**10 441**
Banques	84	2,8	7,4	31,7	34,4
Canaux	16	69,5	3,4	5,7	1,5
Assurances		11,0	3,2	1,0	2,1
Houillères		3,8	3,2	4,3	0,8
Mines		3,2	0,7	1,9	4,3
Chemins de fer			75,4	37,0	3,8
Chimie			2,3	0,9	5,2
Transports				2	5,2
Électricité				0,3	8,9

Source : [Arbulu, 1999]*.

* Les références entre crochets renvoient à la bibliographie en fin d'ouvrage.

Au-delà de ces tendances générales, une analyse sectorielle montre que la Bourse de Paris a joué un rôle majeur dans le développement économique en participant au financement des grandes innovations d'avant la Première Guerre mondiale.

Jusqu'en 1830, le faible développement économique, la fébrilité du système bancaire et la structure familiale des entreprises sont autant de facteurs peu propices à la création de sociétés par actions, et *a fortiori* à des introductions à la cote. Ce n'est qu'avec le décollage industriel des années 1830 que des capitaux importants commencent à s'investir en actions. Les sociétés de chemins de fer ouvrent la voie en associant la haute finance, les grands intérêts industriels, l'épargne privée et les capitaux étrangers, notamment anglais. Les banques et les grandes sociétés des houillères et des mines puis de la chimie entrent aussi à la cote et procèdent régulièrement à des augmentations de capital.

Dans la seconde moitié du XIXe siècle, l'épargne boursière explose véritablement. Elle continue à approvisionner certains secteurs anciens, et plus particulièrement le secteur bancaire, tout en procédant à des réallocations vers des secteurs nouveaux tels ceux des transports et de l'électricité mais aussi vers des valeurs étrangères.

Par conséquent, du début du XIXe siècle à la Première Guerre mondiale, la Bourse de Paris suit le pas du progrès technique en orientant en permanence l'épargne financière vers les nouveaux secteurs. Elle a ainsi contribué de manière directe au financement des grands projets industriels et des grands travaux publics, tout en exerçant une incidence indirecte en permettant aux banques de collecter des ressources supplémentaires pour répondre à la forte demande de capitaux des entreprises. Elle a su progressivement mobiliser une épargne publique colossale attirée par de fortes plus-values potentielles et un risque de plus en plus faible, même si des spéculations aventureuses ont entraîné des faillites retentissantes. Elle a donc joué un rôle clé dans le développement économique du XIXe siècle.

Le déclin de l'après-Première Guerre mondiale

Après la Première Guerre mondiale, le contexte politique et économique change et la Bourse de Paris perd progressivement une bonne partie de sa splendeur. Confortablement installée, tout au long du XIXe siècle, au rang de deuxième place mondiale derrière Londres, elle se trouve reléguée très rapidement et jusqu'à la fin des années 1990 à la cinquième place, très loin des trois grandes places internationales de New York, Tokyo et Londres.

Tout d'abord, les nombreux déboires des épargnants français qui ont investi dans des valeurs étrangères (Russie et Balkans notamment), la forte inflation d'après guerre et la crise de 1929 ont fait fuir les épargnants de la Bourse qui se réfugient dans la thésaurisation, l'immobilier de rapport, les liquidités et la Caisse d'épargne.

Ensuite, jusqu'à la Première Guerre mondiale, les domaines d'intervention de la puissance publique (État, collectivités locales et organismes sociaux) relevaient avant tout du politique et du social, l'action économique directe restant marginale. Mais, au cours du XXe siècle, pour satisfaire les besoins accrus en services publics (transports, éducation, santé...) et en réaction aux tourments du capitalisme pendant les années 1930, l'intervention économique des États ne cesse de croître, notamment par le biais de nombreuses nationalisations. Le volume de la capitalisation boursière est alors amputé d'autant. Le sursaut des années 1950, favorisé par la reconstruction de l'industrie française, est vite effacé par une nouvelle désaffection de la Bourse au cours des années 1960 et 1970.

Réformes et *boom* de fin de siècle

Ainsi, de la Libération jusqu'au début des années 1980, l'économie française présente toutes les caractéristiques d'une économie d'endettement où le financement bancaire prédomine, avec un secteur bancaire aux mains de l'État, des taux d'intérêt et des capitaux largement contrôlés. Ce système a fini par se révéler inefficient, générateur de tensions inflationnistes et peu adapté pour assurer le financement des entreprises face aux nouveaux défis de la concurrence mondiale. La loi bancaire de 1984 et les réformes monétaires et financières entreprises à partir de 1985, connues sous le nom de règle des 3 D (déréglementation, désintermédiation et décloisonnement), créent les conditions d'un nouveau départ des marchés financiers. Les réformes relatives à l'organisation et au fonctionnement de la Bourse assurent la mise en place, en moins de quinze ans, d'une véritable industrie boursière française. Avec les différentes vagues de privatisations, de grandes entreprises exerçant un rôle stratégique dans l'économie française réapparaissent dans le paysage boursier. Les conditions sont alors réunies pour attirer de nouveau tant les entreprises à la recherche de capitaux que les épargnants français, mais aussi étrangers.

La Bourse retrouve au milieu des années 1990 le rôle moteur qu'elle s'était donné au XIXe dans le développement économique en contribuant au financement des entreprises innovantes. Début 2000, la nouvelle économie, qui n'est d'ailleurs pas le fruit des seules *start-up*, pèse près de 25 % de la capitalisation boursière tout en ne contribuant encore que pour moins de 15 % à la croissance du produit intérieur brut. Mais derrière cette euphorie boursière sur toutes les grandes places financières autour des valeurs technologiques, c'est la troisième révolution industrielle qui semblait se dessiner, celle des industries de l'information et de la communication. Cependant, comme toutes les innovations majeures, cette dernière a donné lieu à une bulle financière qui a éclaté au début des années 2000.

Des placements rémunérateurs mais risqués

Cette euphorie a fait quelques « nouveaux riches », créateurs et capital-risqueurs et ruiné tous ceux qui ont massivement investi en Bourse avant l'effondrement de 2000 et 2001. Cependant, les investisseurs qui ont cru aux placements actions depuis la mise en place des premières grandes réformes des années 1980 ont largement été récompensés.

La comparaison des rentabilités annuelles moyennes (hors inflation) des principaux actifs patrimoniaux (du logement de rapport parisien, des terres agricoles en location, des actions françaises, des obligations françaises du secteur privé et des titres du marché monétaire) montre en effet que, sur la période 1984-2004, le placement actions défie toute concurrence, loin devant les obligations et le traditionnel placement immobilier. Mais le placement actions reste un placement à risque élevé. Aussi, en termes de performance ajustée du risque, le placement actions arrive après les placements monétaires, obligataires et immobiliers.

Cet ouvrage a pour objectif de présenter le fonctionnement et la finalité des marchés boursiers en portant un regard critique sur les enjeux qu'ils font subir à l'économie à l'aube du siècle. Dimensions théorique, technique et pratique sont réunies pour à la fois initier le lecteur aux mécanismes et techniques parfois complexes de la finance, et le sensibiliser aux grandes questions soulevées par le formidable essor de la Bourse. Les marchés boursiers rendent perplexe par la complexité croissante qu'ils ont cultivée depuis la

Évolution du prix des actifs (hors inflation), 1984-1999

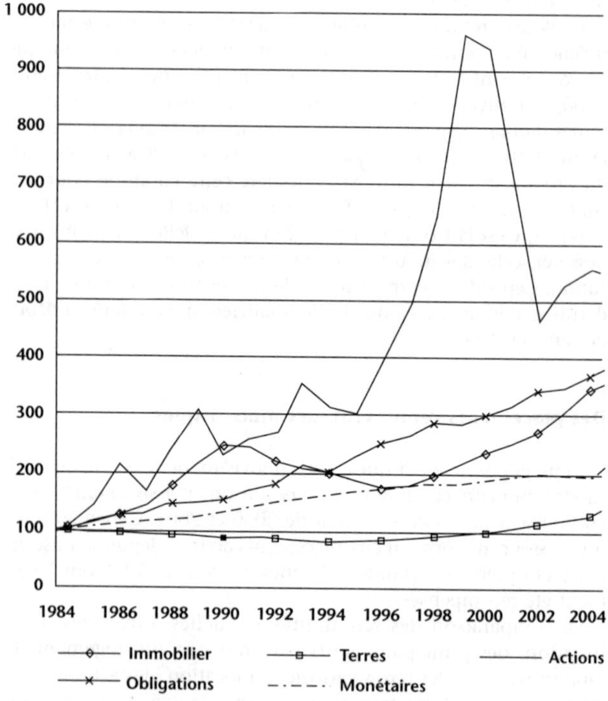

Source : calculs des auteurs à partir de données FNAIM, SAFER et DATASTREAM, sur la période 1984-2004.

	Immobilier	Terres	Actions	Obligations	Monétaires
Rentabilité	6,82	1,24	12,26	6,97	3,46
Risque	9,72	3,85	26,97	5,75	2,12
Rentabilité/Risque	0,70	0,32	0,45	1,21	1,63

Note : la rentabilité est la plus-value annuelle moyenne exprimée en pourcentage. Le risque est apprécié, comme il est habituel de procéder, par la dispersion de la rentabilité autour de la moyenne (écart type des rentabilités annuelles). Le ratio rentabilité/risque est un indicateur de la rémunération de l'actif par unité de risque pris.

Source : calculs des auteurs à partir de données FNAIM, SAFER et DATASTREAM, sur la période 1984-2004.

déréglementation et la globalisation financières amorcées dans les années 1980 à travers le monde. Dans un premier temps (chapitres I à IV), leur évolution est étudiée tout en présentant leurs nouveaux modes d'organisation et fonctions. Une fois définis les marchés boursiers et leur fonctionnement, la diversité croissante des produits qui y sont négociés est analysée sous l'angle de leur finalité économique. Ceci conduit ensuite à s'interroger sur le formidable essor et les grandes transformations des marchés financiers du point de vue de leur efficacité.

Ce nouveau contexte de développement du rôle du marché et des acteurs financiers soulève un grand nombre de questions sur les interactions qui existent entre marchés boursiers et activité économique en général. Il n'est pas sans conséquence sur le mode de gestion des entreprises et sur le comportement des autres acteurs économiques. Il pose aussi le problème de la surveillance plus ou moins étroite des activités financières par les pouvoirs publics. Ces principaux enjeux sont analysés dans un second temps (chapitres V à VII).

I / Les marchés boursiers : définition et fonctionnement

Bourse, marché financier, marchés des capitaux, marché primaire, marché secondaire… les termes sont nombreux pour nommer les « lieux » où s'échange toute la panoplie de titres dits financiers. Mais qu'est-ce que la Bourse à proprement parler ? Quels sont les grands bouleversements qu'elle a connus avec les outils modernes de communication et de traitement de l'information ? Comment les transactions peuvent-elles être conclues selon diverses modalités ? À quels types d'organisation des émissions et cotations des titres renvoie chacun des compartiments du marché ?

Qu'est-ce que la Bourse ?

Une définition très générale de la Bourse que l'on retrouve dans le dictionnaire est la suivante : « La Bourse est une réunion périodique d'individus dont le but est d'échanger ou sinon de constater les cours de marchandises ou de biens. » Il s'agirait d'un terme qui remonte aux Flamands du XIVe siècle, du nom d'une famille chez qui l'on se réunissait pour conclure des opérations sur marchandises. Donc, à l'origine, le terme signifiait réunion d'individus et par extension, depuis, il fait référence au lieu où se réunissent ces individus. On notera cependant qu'avec le développement des moyens de communication, une Bourse n'a plus obligatoirement de localisation géographique. En ce qui nous concerne, bien entendu, nous devrions préciser Bourse des valeurs mobilières (par opposition à la Bourse du travail par exemple ou à la Bourse du commerce). Par abus de langage, on a pris l'habitude de dire Bourse tout court.

Nous définirons la Bourse comme le compartiment du marché financier qui assure la rencontre entre des demandeurs et des offreurs de titres financiers selon diverses modalités (contrats) et la cotation régulière de ces derniers.

Un marché financier se décompose en un marché primaire (marché à l'émission) qui assure la création des nouveaux titres, et un marché secondaire (marché boursier) qui permet la négociation (vente et achat) de titres déjà émis. Par conséquent, pour être très précis, seul le marché secondaire devrait être qualifié de marché boursier, ce qui n'est pas toujours le cas, dans la mesure où il est question sur celui-ci à la fois de cotation et de négociation. Si le marché primaire joue le rôle primordial de drainage de l'épargne au profit des agents à besoin de financement, la présence d'un marché secondaire dynamique est indispensable car elle permet la liquidité des placements des agents épargnants. En effet, les titres qui s'échangent sur le marché financier des valeurs mobilières sont représentatifs d'engagements à long terme. Ce sont des titres longs par opposition aux produits d'épargne des banques, par exemple, qui sont courts. Si des titres longs sont plus adaptés aux besoins des emprunteurs (entreprises) qui souhaitent, la plupart du temps, financer des projets d'investissement à long terme, il n'en va pas de même pour les épargnants. Ces derniers peuvent, à tout moment, éprouver le besoin de récupérer leurs fonds et privilégient donc la disponibilité de leur épargne. Dans ce cas de figure, seule la revente avant l'échéance des titres (avant la date de remboursement) sur le marché secondaire permet aux prêteurs de retrouver à tout moment leur liquidité. On comprend alors que c'est de la capacité du marché secondaire à fournir ce service que dépendent le dynamisme du marché primaire et donc l'efficacité du financement de l'économie. En effet, seul l'épargnant assuré de récupérer ses fonds rapidement et dans des conditions qui reflètent correctement la valeur des titres qu'il possède acceptera de souscrire à des actions ou des obligations. On notera d'ailleurs que des marchés secondaires peu liquides, avec de faibles volumes de transactions, voire inexistants (absence d'un nombre suffisant d'acheteurs et de vendeurs, mauvaise organisation des échanges, manque de confiance...), expliquent souvent les échecs rencontrés par les pays en développement ou les économies en transition pour mettre en place un marché financier.

Les autorités boursières et l'organisation des marchés

Le fonctionnement et le contrôle des marchés financiers s'articulent, dans tous les pays, autour de plusieurs autorités.

En France, afin de renforcer les règles du jeu entre les différents acteurs du marché, la loi de sécurité financière du 1er août 2003 a conduit à la fusion des autorités que constituaient la *Commission des opérations de Bourse* (COB) et le *Conseil des marchés financiers* (CMF), lui-même issu du rapprochement entre le *Conseil des Bourses de valeurs* (CBV) et du *Conseil des marchés à terme* (CMT) en 1996. Depuis, une autorité unique, l'*Autorité des marchés financiers* (AMF) est chargée d'assurer la sécurité, la transparence des opérations et le bon fonctionnement des marchés financiers. L'AMF est dotée de larges pouvoirs disciplinaires et de sanction élargissant les compétences de la COB, longtemps appelée le « gendarme de la Bourse » depuis sa création en 1967 à l'image de la SEC américaine (*Securities and Exchange Commission*) et du CMF. L'AMF est dirigée par un collège de seize membres dont six désignés par le ministre de l'Économie.

L'organisation et le contrôle matériel des marchés incombent aux *autorités financières*. Elles assurent notamment l'organisation des opérations de marché, de négociation, de cotation et de compensation. En France, l'autorité financière fut longtemps la *Société des Bourses françaises* (SBF-Bourse de Paris). Créée en 1988 en remplacement de la Compagnie des agents de change, la SBF était une société commerciale qui assurait le fonctionnement du seul marché des valeurs mobilières. Mais, progressivement, elle est devenue actionnaire unique de la SCMC (Société de compensation des marchés conditionnels), de la Société du nouveau marché et de Matif SA, qui géraient respectivement le MONEP (le Marché des options négociables de Paris), le Nouveau Marché et le Marché à terme international de France (MATIF). Cette restructuration qui a donné naissance à une seule entreprise de marché, *Paris-Bourse*, a permis une meilleure coordination de la gestion des quatre marchés réglementés d'instruments financiers de Paris de l'époque. Depuis la fusion des places de Paris, d'Amsterdam et de Bruxelles en septembre 2000, Paris-Bourse est devenue Euronext-Paris et la holding Euronext NV, de droit néerlandais, regroupe Euronext-Paris, Euronext-Amsterdam, Euronext-Bruxelles mais aussi Euronext-Lisbonne depuis 2002.

Les autorités de négociation sont les intermédiaires qui permettent à chacun de réaliser toutes les opérations (la négociation, la compensation et la conservation des titres). En France, ces fonctions étaient traditionnellement assurées par les *agents de change* et, à la suite de la perte de leur monopole, par les *sociétés de Bourse* puis les *entreprises d'investissement* qui peuvent aussi réaliser des opérations de contrepartie sous réserve d'un agrément.

Sur un marché de ce type, les agents peuvent conclure trois types de contrats ou opérations. Il peut s'agir d'opérations au comptant (c'est-à-dire dont le dénouement est instantané), d'opérations à terme (dont le dénouement est remis à une date ultérieure) (instruments à terme, *futures*... sur le Matif Euronext-

La Bourse : un marché de concurrence parfaite ?

Une caractéristique essentielle du marché boursier est d'être très proche de la définition abstraite d'un marché de concurrence parfaite.

Le critère d'*atomicité* est largement respecté sinon les cotations et échanges sont suspendus par l'AMF (Autorité des marchés financiers). En d'autres termes, cette dernière tente de veiller à ce qu'aucun agent investisseur n'exerce de pouvoir de marché (ne soit *price maker* sur le marché).

Le critère de *transparence* est également respecté, toute entreprise cotée se devant de fournir de l'information sur ses activité et situation au public. Autrement dit, tous les investisseurs sont supposés être égaux face à l'information disponible et, dans le cas contraire, c'est-à-dire en situation de délit d'initié, l'AMF est chargée de réprimander ce dernier. Un délit d'initié correspond à une situation dans laquelle un investisseur ou groupe d'investisseurs a accès à de l'information dite interne (*insider*) à l'entreprise, c'est-à-dire non publique, inconnue des *outsiders*, dans le but de réaliser des profits « anormalement » élevés et illicites.

Le critère d'*homogénéité* tient parfaitement, l'action France Télécom n° 56744 répond exactement au même besoin que l'action France Télécom n° 666432.

Enfin le critère de *fluidité* ou d'absence de barrières à l'entrée ou à la sortie n'est pas à rejeter non plus, à moins d'invoquer les frais de courtages toutefois en sensible diminution depuis la fin des années 1980 avec l'abolition de la position de monopole des agents de change en France.

Donc, globalement, on constate effectivement qu'en présence de ce type de marché, on est très proche d'un marché parfait même si des problèmes informationnels peuvent survenir, comme on le verra ultérieurement.

Liffe) et enfin d'opérations conditionnelles (c'est-à-dire d'opérations à terme avec la possibilité de se désengager) (options, bons… sur le Monep Euronext-Liffe par exemple). Ces différents types d'opérations sont analysés ultérieurement (chapitre II).

Les actifs (ou titres) négociés sur un marché boursier sont des actions (des titres de propriétés ou participation conférant la qualité d'associé au détenteur), des obligations (des titres de créances) ou encore des produits plus complexes, les produits dérivés (les *futures*), les options, les bons… (voir chapitre II).

Les émissions de titres

L'émission et le placement des titres auprès du public peuvent être présentés à l'aide d'un schéma.

L'entreprise émettrice s'adresse à une banque qui est chargée d'effectuer le montage du placement (détermination du prix de l'action ou de l'obligation, modalités de souscription…). Plus

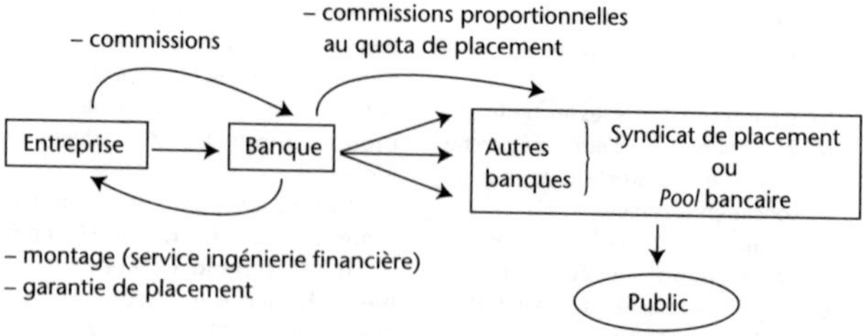

précisément, cette activité est assurée par le service d'ingénierie financière de la banque qui est le plus souvent une banque d'affaires ou une grande banque de réseau (Société générale, BNP-Paribas...). La banque garantit le placement des titres auprès du public et s'engage le cas échéant à acheter les titres pour son propre compte. Ce service est rendu en contrepartie d'une commission en général proportionnelle au montant de l'émission.

Afin de se couvrir contre le risque de souscriptions insuffisantes, la banque fait en général appel à d'autres établissements financiers pour constituer un *pool* bancaire encore appelé syndicat de placement, dont elle est le chef de file. Chacune des banques appartenant au *pool* perçoit alors à son tour des commissions dont le montant dépend du quota de placement qui lui est attribué. Le nombre de banques constituant le *pool* peut être plus ou moins important dans un souci de diversification des risques. En particulier, lors d'une émission d'envergure internationale, on fait appel à des banques étrangères.

Le problème crucial rencontré lors d'une opération d'augmentation de capital est celui de dilution du pouvoir et des droits des anciens actionnaires. En effet, les actionnaires d'une entreprise se partagent non seulement les fonds propres (capital et réserves) de celle-ci mais aussi les droits de vote. Or, après émission d'actions nouvelles, la proportion du capital et des réserves détenue par les anciens actionnaires est réduite. Pour résoudre ce problème, la solution passe par la distribution de droits de souscription aux anciens actionnaires. Ces droits gratuits permettant d'obtenir des actions nouvelles peuvent être exercés par les anciens actionnaires ou sinon cédés sur le marché des droits à de « nouveaux actionnaires ». Le produit de la vente de ces droits doit en théorie indemniser les anciens actionnaires d'un montant correspondant à la dilution qu'ils encourent.

Le prix à l'émission

L'*offre à prix ouvert* (OPO) : l'offre à prix ouvert, innovation qui remonte à juillet 1998 et est destinée à faciliter l'accès des particuliers aux introductions, est une procédure d'introduction maintenant couramment utilisée. Avec cette procédure, l'émetteur annonce tout d'abord une fourchette de prix dans laquelle se situera le prix définitif. Les acheteurs transmettent ensuite leurs ordres d'achat en précisant la quantité demandée et le prix maximal (limite) qu'ils sont prêts à payer. Le prix définitif est ensuite fixé en fonction des demandes. Les ordres d'achat dont le prix limite est inférieur au prix définitif ne sont pas considérés. Si, au prix définitif, la quantité demandée est supérieure à la quantité offerte, les ordres d'achat ne sont que partiellement servis. Par exemple, pour l'introduction de la société Orange au premier marché en février 2001, une fourchette comprise entre 11,3 et 13,5 euros (avec une décote de 0,5 euro pour les particuliers) a été annoncée. Les candidats à l'achat devaient alors annoncer le prix limite (compris entre 11,3 et 13,5 euros) qu'ils étaient prêts à payer ainsi que le nombre de titres qu'ils souhaitaient acheter à ce prix. Mais le nombre de titres demandés à un prix limite de 11,3 fut inférieur au nombre de titres proposés à la vente. La fourchette fut alors révisée à la baisse et la nouvelle fourchette annoncée fut de 9,5 à 11 euros. Compte tenu de la faiblesse persistante de la demande, le prix définitif fut fixé en bas de la fourchette à 9,5 euros afin de pouvoir écouler tous les titres offerts.

L'*offre à prix ferme* (OPF) : cette procédure consiste à proposer au marché une certaine quantité de titres à un prix fixé à l'avance et définitif. Seuls les ordres d'achat à ce prix d'offre sont recevables. Si la quantité demandée est supérieure à la quantité offerte, les ordres d'achat ne sont que partiellement servis.

L'*offre à prix minimal* (OPM) : avec cette procédure, l'émetteur annonce tout d'abord un prix minimal en dessous duquel il n'est pas vendeur. Les acheteurs transmettent ensuite leurs ordres d'achat en précisant la quantité demandée et le prix maximal (limite) accepté. Seuls les ordres libellés à un cours d'achat supérieur au prix plancher d'offre sont recevables. Le prix définitif est fixé en fonction des demandes recevables. Si, au prix définitif, la quantité demandée est supérieure à la quantité offerte, les ordres d'achat ne sont que partiellement servis.

Le *placement garanti* (PG) : cette procédure consiste à placer directement des titres auprès d'investisseurs. Elle permet à l'entreprise émettrice de s'assurer une certaine stabilité de son actionnariat. Mais elle est généralement accompagnée d'une OPF. Dans ce cas, le prix défini pour l'OPF ne peut être supérieur à celui pratiqué pour le PG.

Augmentation de capital et prix d'émission

La détermination du prix d'émission se fait en deux étapes. Il doit, d'une part, prendre en compte le fait que les fonds propres intègrent d'autres éléments (réserves, primes d'émission antérieures...) que le capital social (nombre d'actions en circulation multiplié par la valeur nominale de chacune) et, d'autre part, être suffisamment incitatif pour les investisseurs nouveaux afin que l'opération réussisse. L'incorporation des autres éléments que le capital social se fait en exigeant une prime d'émission et le succès de l'opération est permis en fixant un prix d'émission qui présente une décote par rapport au prix de marché observé avant l'augmentation de capital.

La *prime d'émission* : soit une société dont le capital social est composé de 2 actions de 100 euros de valeur nominale chacune et dont les autres éléments constituant les fonds propres sont évalués à 600 euros. La valeur patrimoniale de l'action est donc logiquement de (2 × 100 + 600) / 2 = 400 euros. Supposons que la société procède à une augmentation de capital par émission d'une action nouvelle (de même valeur nominale). Si le prix d'émission est fixé à la valeur nominale, l'apport en numéraire est de 100 euros et le capital social passe à 300, mais la valeur des autres éléments ne change pas. La valeur de chaque action est donc de (300 + 600) / 3 = 300. Le détenteur d'une action ancienne perdrait donc 100 euros ; celui de la nouvelle action gagnerait 200 puisqu'en déboursant 100, il obtiendrait une action qui représente une valeur patrimoniale de 300. Pour éviter cette difficulté, l'idéal serait de fixer le prix d'émission à un niveau tel que les anciens actionnaires ne perdent rien et que l'actionnaire nouveau en ait juste pour son argent. Le prix d'émission idéal est alors 400 euros. La différence entre le prix à l'émission et la valeur nominale s'appelle la prime d'émission, ici égale à 300 euros. Les 400 euros apportés par le nouvel actionnaire se répartissent en 100 pour le capital social (il passe donc de 200 à 300) et 300 pour la prime d'émission (les autres éléments valent 900 au lieu de 600). La valeur patrimoniale de chaque action est donc bien de (300 + 900) / 3 = 400 euros.

Prix d'émission et droit préférentiel de souscription : l'augmentation de capital est à l'origine d'effets de dilution pour les anciens actionnaires : 1) l'augmentation du nombre d'actions composant le capital entraîne une diminution à la fois de leur pouvoir sur la société et de leur quote-part dans les bénéfices de la société ; 2) le prix d'émission étant généralement fixé avec une décote par rapport au cours boursier pour attirer les souscripteurs (sinon il serait plus avantageux d'acheter des actions anciennes sur le marché secondaire), la valeur des actions anciennes diminue. Pour dédommager les détenteurs d'actions anciennes, on leur accorde généralement un droit préférentiel de souscription (priorité pour participer à l'augmentation de capital), négociable en Bourse pendant la période de souscription. La possibilité pour les actionnaires de vendre leurs droits préférentiels de souscription permet de préserver l'équité entre anciens et nouveaux actionnaires.

Une fois les titres émis et souscrits par les investisseurs sur le marché primaire, ils peuvent être négociés sur le marché secondaire selon plusieurs modalités.

La négociation et la cotation des titres

Comment un titre peut-il être négocié (acheté ou vendu) et comment se forme-t-il un cours sur le marché ?

Les ordres de Bourse

La réforme de 1996 en France a permis de réintroduire des ordres qui avaient disparu du marché pendant un certain temps parce qu'on leur reprochait de contribuer à l'instabilité des cours des actions notamment à la suite du krach de 1987. Désormais, les négociateurs peuvent à nouveau réaliser leurs transactions selon diverses modalités.

— *Ordre au marché et ordre à la meilleure limite.* Dans ce cas, l'acheteur ou le vendeur ne donne aucune indication de cours. Ces ordres sont venus remplacer en 2005 l'ordre à tout prix et l'ordre au prix du marché qui avaient eux-mêmes succédé à l'ancien ordre « au mieux » (qui devait être compris comme au mieux des possibilités du marché et non pas au mieux des intérêts de l'investisseur). Dans le cas d'un ordre à la meilleure limite, qui permet d'obtenir le meilleur prix lors de son arrivée sur le marché, la transaction peut n'être exécutée que partiellement alors qu'un ordre au marché est considéré comme prioritaire et garantit l'exécution de la transaction dans sa totalité. En contrepartie, l'ordre au marché présente un risque plus élevé d'exécution de la transaction à un cours s'écartant fortement de celui qui prévalait au moment où l'ordre est parvenu sur le marché.

— *Ordre à cours limité.* L'acheteur ou le vendeur spécifie un prix plafond (maximum) au-dessus duquel il n'est plus acheteur ou un prix plancher (minimum) en dessous duquel il n'est plus vendeur (voir exemple 1 dans l'encadré page suivante). Avec la plus grande instabilité des cours et la mise en place de systèmes de cotation en continu (voir paragraphe suivant), les investisseurs privilégient ce type d'ordre pour éviter des retournements brusques de tendance. Un ordre à cours limité est considéré à révocation, c'est-à-dire que, sauf mention particulière, il est valable jusqu'à la fin du mois boursier en cours, soit cinq jours ouvrés avant la fin du mois

Exemples d'ordres de Bourse en France

Exemple 1 : ordre à cours limité

Le dernier cours coté d'une action X est de 50 euros ; vous souhaitez en vendre 10 à un cours minimum de 51 euros ; vous devrez mentionner dans votre ordre : vente 10 actions X à 51 euros qui ne sera exécuté qu'à un cours au moins égal à 51 euros.

Exemple 2 : ordre à seuil de déclenchement (ou ordre stop)

Si l'on détient un titre dont le cours actuel est de 20 euros et que l'on redoute un retournement brutal du marché, un ordre à 15 euros stipule qu'il devra être vendu dès que le cours aura franchi le seuil des 15 euros à la baisse.

Exemple 3 : ordre à plage de déclenchement (ou maxi/mini)

Un ordre de vente 10/15 euros implique qu'il ne doit être exécuté qu'à un cours compris entre 10 et 15 euros (on souhaite se couvrir contre une baisse du cours mais pas à n'importe quel prix).

Exemple 4 : ordre à cours limité assorti d'un stop

Le dernier cours coté d'une action X est de 50 euros ; vous souhaitez en vendre 10 à un prix minimum de 51 euros mais vous redoutez un effondrement du prix dans les jours qui viennent ; pour vous couvrir contre le risque d'une revente du titre à un cours extrêmement faible, vous allez rédiger l'ordre suivant : vente 10 actions à 51 euros stop 40 euros ; cet ordre ne sera exécuté que pour un prix supérieur ou égal à 51 euros ou un prix inférieur ou égal à 40 euros.

civil (appelé date de liquidation) pour les titres éligibles au service de règlement différé (présenté ci-après) ou le dernier jour ouvré du mois civil pour les titres non éligibles.

— *Ordre à seuil de déclenchement et ordre à plage de déclenchement.* Ces ordres remplacent l'ancien ordre « stop » (ou *stop loss*) supprimé au milieu des années 1980. Ils ont pour objectif de pallier des retournements de tendance importants et fonctionnent à l'inverse d'un ordre à cours limité. Ils permettent d'éviter qu'un titre soit surpayé en cas d'achat ou « bradé » en cas de vente. L'ordre « seuil » fixe un cours donné alors que l'ordre « plage » indique une fourchette (voir exemples 2 et 3 dans l'encadré). Ce type d'ordre (à seuil de déclenchement) peut également être assorti d'un ordre à cours limité (voir exemple 4 dans l'encadré).

— *Ordres liés.* L'exécution de l'ordre est, dans ce cas, conditionnelle à celle d'un autre ordre. Par exemple, vous ne souhaitez acheter les actions X que si les actions Y ont pu être vendues au préalable.

— *Mentions annexes*. Un ordre de Bourse peut être assorti d'autres mentions. La mention « tout ou rien » a pour effet d'éviter une exécution partielle de l'ordre et par conséquent des frais de transaction plus élevés. La mention « X titres en Y Bourses » a pour effet au contraire de fractionner les transactions pour les opérations de gros montant de façon à ne pas peser sur la fixation du cours, dans le cas notamment d'un marché étroit. La mention « suivant le marché » stipule que la transaction ne doit être exécutée qu'en présence d'un marché suffisamment liquide (volume de transactions élevé) afin que le cours coté soit convenablement arbitré.

La cotation des titres

La confrontation des ordres d'achat et de vente conduit à la détermination d'un cours d'équilibre selon un cheminement bien particulier. Il existe deux modes de cotation : la cotation périodique ou dite du *fixing* et la cotation en continu. L'introduction progressive dès 1986 de la cotation en continu avait pour objectif de remplacer progressivement la cotation périodique afin d'accroître la liquidité du marché. Toutefois, à l'heure actuelle, un grand nombre de valeurs moyennes sont encore cotées au *fixing*. On notera que, pour éviter des écarts de cours injustifiés, des garde-fous sont mis en place (variations maximales autorisées sur une séance).

— *Cotation au* fixing. C'est un système dans lequel les ordres de Bourse ne sont pas traités instantanément. Ils sont au contraire regroupés jusqu'au moment de la cotation. Ce système s'applique aux valeurs à faible liquidité avec un ou deux fixages quotidiens à heures fixes.

— *Cotation en continu*. Dans ce système de cotation, une transaction peut avoir lieu à tout moment dès lors que deux ordres de sens opposé se rencontrent. En France, la cotation en continu a été introduite en 1986 initialement avec le système informatisé CAC (cotation assistée en continu), relayé en 1995 par le système SUPERCAC et ensuite par le NSC (plate-forme électronique de négociation d'Euronext). Les cotations et négociations peuvent avoir lieu sans interruption entre 9 heures et 17 heures 25. Pour résumer le système en deux mots, on peut dire que : les ordres sont introduits dans l'ordinateur central dans l'ordre chronologique d'arrivée à tout moment ; dès lors que deux ordres de sens contraire se rencontrent, ils sont exécutés selon le critère « premier arrivé/premier servi ».

L'avantage du continu par rapport au *fixing* est la plus grande liquidité et la plus grande transparence. L'informatisation du système permet aux investisseurs l'accès permanent au carnet d'ordre de chaque valeur qui présente les cinq meilleures offres (propositions de vente) et les cinq meilleures demandes (propositions d'achat) disponibles sur le marché à tout moment. Ce système engendre cependant une volatilité intraquotidienne plus élevée et il peut soumettre les cours à un risque de fortes fluctuations liées à l'exécution de petits ordres. La centralisation des ordres jusqu'au moment de la cotation avec le *fixing* permet au moins de pallier cet inconvénient. On reproche également au système du continu d'accélérer, voire d'amplifier temporairement les mouvements de hausse et de baisse des marchés (puisque les opérateurs ont la possibilité de connecter des programmes de vente ou d'achat automatique). En résumé, le passage du *fixing* au continu témoigne d'une volonté d'accroître l'efficacité du marché en exigeant de la part des opérateurs une plus grande rapidité de leur réaction. S'il présente encore quelques faiblesses d'ordre technique ou conceptuel, celles-ci constituent la contrepartie obligée à une efficience plus élevée.

L'organisation efficace des marchés boursiers

Tous les marchés boursiers dans le monde ne sont pas organisés de la même manière. Or il est indispensable que ces marchés soient liquides, qu'ils ne soient pas sujets à une trop forte volatilité et que la formation des cours soit en cohérence avec la valeur fondamentale des actifs cotés. La faiblesse des coûts de transaction et la qualité de l'information sont indispensables pour que les marchés assurent efficacement leurs fonctions. Or il est difficile de dissocier ces deux facteurs. Car les coûts de transaction ne recouvrent pas seulement des coûts techniques. Il faut y ajouter des coûts résultant de facteurs économiques, comme le comportement des agents, la liquidité, les asymétries d'information mais aussi le mode d'organisation des transactions.

Globalement, les marchés ne sont performants que si les systèmes de négociation offerts incitent au mieux les opérateurs et les investisseurs à échanger la liquidité disponible à un moment donné. Un marché permet la rencontre d'une offre et d'une demande conduisant à la détermination d'un prix d'équilibre. Sur les marchés boursiers, il existe deux principaux modes d'organisation des transactions qui assurent cette rencontre.

Marché dirigé par les ordres

Dans un marché dirigé par les ordres, les ordres d'achat et de vente émanent des investisseurs finaux. La confrontation directe de l'offre et de la demande (ordres d'achat et ordres de vente) conduit à la détermination du prix d'équilibre du marché. Historiquement, les Bourses de valeurs se sont organisées selon ce mode de négociation en vigueur aujourd'hui encore sur la plupart des places mondiales. C'est le cas, pour n'en citer que quelques-unes, de la Bourse de New York (New York Stock Exchange), de celles de Tokyo et Paris.

Il existe trois systèmes d'organisation des cotations pour les marchés dirigés par les ordres, la *criée*, la procédure dite par *casier* ou encore le *système informatisé*. Dans la criée, système le plus connu du grand public, des crieurs professionnels crient leurs ordres d'achat « je prends » ou leurs ordres de vente « j'ai » en réponse à un cours annoncé par un commissaire-priseur dans un lieu prévu à cet effet, le parquet. En fonction de la nature du décalage entre l'offre et la demande, d'autres prix sont annoncés à la hausse ou à la baisse jusqu'à l'obtention du prix d'équilibre. Dans la procédure dite par casier, les ordres sont centralisés dans un casier destiné à chaque valeur. La criée est plus avantageuse du point de vue de l'efficacité informationnelle dans la mesure où les cours annoncés avant le cours d'équilibre (les cotations « en blanc ») permettent aux investisseurs de situer très rapidement le marché. Les investisseurs sont informés quant à la nature mais aussi l'ampleur du déséquilibre entre l'offre et la demande. Avec la procédure du casier, les cours annoncés ne les renseignent que sur la nature du déséquilibre, les empêchant de revoir leurs stratégies d'annonce. Le système informatisé permet de confronter instantanément les offres et demandes émanant des investisseurs. Il s'est imposé avec l'intégration internationale des marchés des capitaux et le principe de cotation en continu qui lui est associé.

Marché dirigé par les prix

Dans un marché dirigé par les prix, les investisseurs doivent passer par l'un des professionnels teneurs de marché attitrés (*market makers*). Ces derniers sont en concurrence pour chaque titre et proposent en permanence un prix d'achat (*bid*) et un prix de vente (*ask*), l'écart entre les deux constituant la fourchette (*bid/ask spread*). Cette fourchette qui représente la rémunération de l'intermédiaire teneur de marché est d'autant plus étroite que le marché est compétitif.

Ce type de marché qui fonctionne en continu a l'avantage d'assurer une très grande liquidité. Et c'est la fonction même du teneur de marché que de contribuer à accroître celle-ci en compensant le déséquilibre temporaire entre l'offre et la demande. Alors que la liquidité résulte des arbitrages de l'ensemble des investisseurs dans un marché gouverné par les ordres, elle est contrainte au départ dans un marché gouverné par les prix. Toutefois, cette fonction de fourniture de la liquidité étant concentrée auprès des teneurs de marché, elle les expose à des risques parfois élevés.

Parmi les marchés organisés selon ce mode, on compte le NASDAQ (National Association of Securities Dealers Automated Quotation) aux États-Unis et le SEAQ (Securities and Exchange Automated Quotation) au Royaume-Uni. Ces marchés tendent à se développer de plus en plus et, sur la plupart des places mondiales, certains compartiments ou certaines valeurs font intervenir des teneurs de marché appelés parfois les spécialistes. Ainsi, sur la place de Paris, certains titres font l'objet depuis le début des années 1990 de contrats d'animation dans le but d'accroître leur liquidité. Sur les nouveaux compartiments (voir paragraphe suivant), la cotation est confiée à des intermédiaires spécialisés.

Des modes d'organisation complémentaires

À chaque mode d'organisation sont associés des avantages et des inconvénients. Le marché dirigé par les prix est plus adapté aux contraintes de compétitivité des Bourses entre elles, en particulier avec la forte présence des investisseurs institutionnels. La possibilité de pratiquer des prix de gros (la fourchette est plus étroite pour les gros montants) est plus à même d'attirer ces derniers. Pour les faibles capitalisations boursières, les marchés dirigés par les prix présentent aussi un gage de liquidité appréciable. Le marché gouverné par les ordres paraît quant à lui plus adapté au segment des investisseurs individuels. Il apparaît plus favorable aux principes de transparence et d'équité. Un cours d'équilibre unique est déterminé en toute transparence, s'appliquant aussi bien aux petits ordres qu'aux gros. Pour ces raisons, les marchés mondiaux se dirigent vers des structures mixtes qui tirent profit des avantages des deux modes d'organisation.

Les compartiments du marché français

Il existe en France sept Bourses : la Bourse de Paris, de loin la plus importante, et six Bourses de province, Bordeaux, Lille, Lyon, Marseille, Nantes et Nancy qui tendent à perdre de leur influence. En 2005, les quatre compartiments sur lesquels les valeurs pouvaient être cotées (le premier marché, le second marché, le nouveau marché ou le marché libre OTC) ont été remplacés par un marché réglementé unique baptisé Eurolist et deux marchés non réglementés, l'un structuré, Alternext, et l'autre non structuré et conservant le nom de marché libre. Cette réforme de la cote a été engagée par Euronext d'abord à Paris puis à Amsterdam, Bruxelles et Lisbonne. Elle était destinée à améliorer la visibilité et la liquidité du marché et en particulier à moderniser la place financière afin de valoriser davantage les petites et moyennes entreprises.

L'Eurolist d'Euronext

En ce qui concerne la place boursière de Paris (Euronext-Paris), ce compartiment regroupe depuis février 2005 toutes les entreprises qui étaient auparavant cotées sur les premier, second et nouveau marchés. La fusion des anciens compartiments en un seul marché réglementé est censée accroître la lisibilité d'une cote sur laquelle les sociétés sont classées par ordre alphabétique mais sont toutefois identifiables selon leur taille (critère de capitalisation). Plus précisément, les valeurs françaises sont classées dans trois compartiments de capitalisation :

— le compartiment A pour les entreprises dont la capitalisation boursière, c'est-à-dire la valeur en Bourse, est supérieure à 1 milliard d'euros ;

— le compartiment B pour les entreprises dont la capitalisation est comprise entre 150 millions d'euros et 1 milliard d'euros ;

— le compartiment C pour les entreprises de moins de 150 millions d'euros de capitalisation.

L'entreprise qui souhaite accéder à ce compartiment du marché pour lever des fonds et voir sa valeur cotée doit se soumettre à un certain nombre de conditions qui sont souvent contraignantes. Elle doit mettre à la disposition du marché 25 % au moins de son capital social ou sinon une quantité jugée suffisante par Euronext pour assurer un fonctionnement régulier du marché. Cela la rend vulnérable à des prises de contrôle tout en exerçant un effet stimulant sur l'équipe dirigeante qui doit se soucier des sanctions

Les indices boursiers

Ce sont des indicateurs permettant de suivre l'évolution générale des cours boursiers.

Sur la place de Paris, onze indices globaux et des indices sectoriels sont calculés et publiés, mais le principal indice de référence reste le CAC 40. Il est défini comme une moyenne pondérée de 40 valeurs cotées, les coefficients de pondération représentant la part du flottant (capital réellement négociable en Bourse) de chacune des valeurs dans le flottant global de l'ensemble des 40 valeurs. Il est calculé à partir des derniers cours cotés et publié toutes les trente secondes.

Les modifications de composition du CAC 40 (entrées et sorties de valeurs) sont décidées par un comité scientifique (composé de neuf experts) qui se réunit au moins quatre fois par an. Les critères de sélection sont multiples et donc accordent au conseil scientifique une marge de décision relativement large. Aussi, périodiquement, la spéculation sur la recomposition de l'indice bat son plein. Les critères de décision sont :

— la taille : les valeurs du CAC 40 doivent figurer parmi les cent premières capitalisations du marché ;

— la liquidité : elle est appréciée à l'aide du montant des transactions, du taux de rotation du capital (ratio de la valeur des transactions sur la capitalisation boursière), du flottant (la part de la capitalisation boursière d'une action qui circule effectivement en Bourse), des fourchettes de fluctuation et de la volatilité des cours (écart type temporel des cours) ;

— le secteur d'activité : l'indice doit représenter les grands secteurs d'activité du marché (et non de l'économie dans son ensemble). Les valeurs étrangères sont aussi éligibles. Elles doivent pour cela être émises par une société dont le centre de décision est situé en France et faire l'objet de volumes de transactions significatifs sur la place de Paris.

Les autres indices globaux sont : le SBF 80, le SBF 120 et le SBF 250 (composés d'un échantillon de, respectivement, 80, 120 et 250 valeurs cotées en continu et sélectionnées selon leur capitalisation et leur liquidité), l'IT CAC rebaptisé CAC IT en 2005 composé des valeurs technologiques du SBF 120. De nouveaux indices ont été introduits en 2005 dont certains viennent remplacer des indices qui existaient auparavant : le CAC Next 20 composé des 20 plus importantes valeurs qui suivent les valeurs du CAC 40, le CAC IT 20 qui reprend les 20 valeurs les plus représentatives du CAC IT, le CAC Mid 100 composé des 100 valeurs qui suivent les 60 valeurs des indices CAC 40 et CAC Next 20 réunis, le CAC Small 90 composé des 90 valeurs les plus petites du SBF 250, le CAC Mid et Small 190 qui est la réunion des indices CAC Mid 100 et CAC Small 90 et enfin le CAC All Shares composé de toutes les valeurs cotées à Paris présentant plus de 5 % de rotation annuelle.

Avec la globalisation progressive du marché financier européen, l'enjeu nouveau pour une valeur du CAC 40 est d'intégrer un indice européen tel que le Dow Jones 50 (50 valeurs européennes), le Dow Jones Euro Stoxx 50 (50 valeurs de la zone euro) ou le FTSE EuroStar (29 valeurs de la zone euro).

imposées par les actionnaires et le marché. L'entreprise doit également produire un historique de comptes certifiés de trois années au moins. Enfin, elle doit s'engager à fournir de l'information sur son activité et sa situation et la rendre publique à chaque fois que celle-ci est susceptible d'agir sur le cours de l'action. Elle doit publier des comptes annuels, faire état de son résultat tous les six mois et de son chiffre d'affaires tous les trois mois. Cette obligation à la transparence afin d'assurer au marché une plus grande efficacité se révèle souvent être un procédé coûteux pour les entreprises.

Afin de soutenir le marché des petites et moyennes valeurs, cette refonte de la cote s'est accompagnée d'une création d'un label d'expert en valeurs moyennes. Pour accéder à ce label, l'intermédiaire financier candidat doit disposer d'une équipe dédiée à l'analyse et à l'animation des actions émises par les petites et moyennes entreprises (PME). En particulier, l'intermédiaire financier doit s'engager à suivre régulièrement un minimum de 60 valeurs moyennes dont au moins 20 présentant une capitalisation boursière de moins de 150 millions d'euros et 10 ayant un volume de transactions annuel inférieur à 2 500.

Alternext

Les second et nouveau marchés, désormais fondus dans Eurolist, avaient été créés en 1983 et en 1996 pour faciliter l'accès en Bourse d'abord des entreprises traditionnelles de taille moyenne et ensuite des jeunes entreprises de la « nouvelle économie » à fort potentiel d'innovation et de technologie. Or Alternext, qui a ouvert en mai 2005, a été conçu sur mesure pour atteindre les deux objectifs à la fois en accueillant des petites et moyennes entreprises de toute nature (chiffre d'affaires recommandé compris entre 8 et 50 millions d'euros). Ce compartiment non réglementé au sens juridique du terme, mais toutefois organisé et régulé par Euronext, allie ainsi souplesse (facilité d'accès) et efficacité à la fois pour les émetteurs de tous secteurs d'activité et pour les investisseurs. Ce concept s'est développé en Europe pour combler le retard accumulé par rapport aux États-Unis dans le financement des innovations et dans le capital-risque.

Pour pouvoir être cotée sur Alternext, une entreprise doit lever 2,5 millions d'euros, montant minimum qu'elle doit mettre à la disposition du public, ou sinon par admission directe suite à un placement privé pour un montant d'au moins 5 millions d'euros. Elle doit présenter un historique de comptes d'au moins deux années (ou au moins trois années si l'introduction s'accompagne d'une augmentation de capital). Elle est également tenue d'informer le public de tout élément susceptible d'entraîner une variation du cours de son action et publier ses comptes à une fréquence semestrielle. Par ailleurs, l'entreprise doit déclarer les transactions de ses dirigeants et les franchissements de seuil de 50 % et 95 % du capital.

La principale différence avec Eurolist tient aux modalités de négociation faisant intervenir des teneurs de marché (*market makers*) dont la fonction est, comme on l'a vu, d'assurer la liquidité des actions cotées. Les teneurs de marché interviennent jusqu'à 16 h 30 puis les ordres sont accumulés dans un carnet central jusqu'au fixing de 17 heures. Mais compte tenu des caractéristiques des entreprises admises, l'investissement sur ce marché reste risqué, même si les investisseurs bénéficient de garanties qui n'existent pas sur Eurolist (garantie de cours pour les actionnaires minoritaires). On notera également que, avec la création d'Alternext, apparaît un nouvel intervenant appelé le *listing sponsor* qui est un intermédiaire agréé par Euronext et dont la fonction est d'apporter, durant au moins deux ans, une expertise aux entreprises souhaitant être cotées sur Alternext.

Le marché libre (OTC)

Le marché libre a succédé en 1998 à l'ancien hors-cote. Il accueille les valeurs qui ne peuvent être admises à l'Eurolist ou à Alternext. Pendant longtemps, ce compartiment a été qualifié d'oubliettes et de salle d'attente de la Bourse car y étaient cotées les entreprises radiées des autres compartiments ou celles attendant d'y accéder. La principale différence avec son prédécesseur le hors-cote est la faculté que se réserve Euronext de facturer la cotation qui était gratuite auparavant. L'accès à ce marché n'est pas réglementé, l'entreprise cotée ne devant répondre à aucune contrainte, et les transactions se font librement, d'où la mention OTC (*over-the-counter*). Il s'agit naturellement d'un marché très risqué et d'ailleurs peu fréquenté par les investisseurs. Peu liquide, il faut parfois attendre plusieurs séances avant la formation d'un cours.

Le dénouement des transactions

À l'exception des transactions effectuées sur des titres éligibles au principe du règlement différé, la négociation des titres s'effectue selon le principe du comptant. Le dénouement des opérations (règlement et livraison des titres) est instantané. Dans la pratique, il doit survenir dans un délai maximum de trois jours après la négociation. Pour les titres éligibles au règlement différé qui sont sélectionnés sur les différents compartiments par les autorités de marché selon des critères de liquidité, l'investisseur peut opter pour un transfert de propriété du titre (livraison et règlement) en fin de mois.

Le service de règlement différé (SRD)

Pour bénéficier du SRD, il faut passer par un intermédiaire financier qui exige une couverture (un dépôt de garantie) proportionnelle au montant de la transaction. Le montant exigé est plus élevé lorsque des titres (et non pas des espèces) sont déposés par l'investisseur. Le pourcentage exigé est alors fonction du degré de liquidité des actifs en question. Le paiement et la livraison des titres ne s'effectuant qu'en fin de mois, l'intermédiaire financier se couvre en cas de soldes débiteurs pour certains investisseurs. Ce service entraîne le prélèvement d'une commission dite de règlement différé (CRD) par l'intermédiaire dont il est libre de fixer le montant.

À l'issue du mois boursier, plus précisément le premier jour de la liquidation générale qui intervient cinq séances (jours ouvrés) avant la fin du mois, l'investisseur peut choisir entre trois solutions : a) il peut lever les titres (s'il était acheteur), c'est-à-dire se les faire livrer contre paiement en espèces, ou livrer les titres (s'il était vendeur) contre règlement en espèces ; b) il peut solder son opération s'il a effectué au cours du mois deux transactions de sens opposé (achat et vente) ; c) il peut également proroger sa position (acheteur ou vendeur) sur le mois suivant en contrepartie de frais supplémentaires prélevés par son intermédiaire financier.

Que signifie précisément le règlement différé et quelles en sont les implications ? Lorsqu'on est acheteur d'une action au comptant, on doit normalement le jour même recevoir le titre contre règlement en espèces. En revanche, lorsqu'il y a règlement différé, il faut trouver une tierce personne qui accepte d'acheter le titre à notre place en s'engageant à nous le revendre à terme (à la fin du mois). Donc une position acheteur à règlement différé implique

Soldes débiteurs en fin de mois

Exemple 1 : achat d'une action à 100 euros le 5 du mois dont le cours n'est plus que de 80 euros en fin de mois.

Exemple 2 : vente d'une action à 200 euros le 10 du mois et qui vaut 220 euros en fin de mois. Si l'investisseur ne dispose pas du titre le jour de la vente (le 10 du mois), il devra en fin de mois l'acheter 220 euros pour le livrer à 200 euros, ce qui implique pour lui une perte de 20 euros.

en fait aussi une opération de *vente au comptant* assortie à une opération d'*achat à terme*.

Lorsqu'on est vendeur d'une action au comptant, on doit livrer le titre à l'acheteur contre règlement en espèces le jour même. En revanche, avec règlement différé, il faut trouver un autre agent sur le marché qui accepte de nous vendre le titre (que nous devons livrer) et qui s'engage à nous le racheter à terme à la fin du mois. Donc, une position vendeur à règlement différé implique une opération d'*achat au comptant* simultanément à une opération de *vente à terme*.

Opération avec règlement différé	Opérations sous-jacentes
Achat	Vente au comptant + achat à terme
Vente	Achat au comptant + vente à terme

L'information véhiculée par le marché

Les transactions à règlement différé avec la possibilité de proroger les positions sont très instructives dans la mesure où elles permettent au marché de véhiculer l'information sur les anticipations des investisseurs. À partir de celles-ci, il est possible de construire des indicateurs de *position de place* faisant état du pessimisme ou de l'optimisme des investisseurs. Lorsque les achats prorogés sont dominants pour un titre donné, cela signifie que le marché anticipe son appréciation à plus ou moins court terme. Inversement, lorsque les ventes prorogées sont plus importantes, le marché anticipe sa dépréciation. De tels indicateurs peuvent être estimés en moyenne pour l'intégralité d'une place boursière afin de réaliser des comparaisons internationales.

Exemples de négociation à règlement différé

Exemple 1 — Achat d'un titre

Un investisseur achète une action X le 5 novembre à un cours de 100 euros. La liquidation générale est fixée au 25 novembre :

— première solution : l'investisseur décide de la maintenir en portefeuille dans une optique à plus ou moins long terme ; le jour de la liquidation (25 novembre), il va lever le titre, c'est-à-dire verser 100 euros et se voir livrer le titre ;

— deuxième solution : quelques jours après l'achat de l'action (le 10 novembre), l'investisseur observe sur le marché un cours de 150 euros et décide de vendre l'action ce jour-là ; le 25 novembre, il va solder sa position, c'est-à-dire demander à son intermédiaire financier de lui régler la différence entre prix de vente et prix d'achat pour réaliser un gain de 50 euros moins les frais de courtage (naturellement, le solde aurait pu se matérialiser par une perte si le titre avait été vendu à un cours inférieur à 100 euros) ;

— troisième solution : l'action n'a pas été revendue avant la date de liquidation ; l'investisseur espère que le mois suivant sera plus bénéfique et ne souhaite pas ou ne peut pas lever le titre car il manque de liquidité. Il peut dans ce cas proroger auprès de son intermédiaire financier sa position acheteur sur le mois suivant moyennant des frais supplémentaires.

Exemple 2 — Vente à découvert d'un titre

Il est intéressant de noter que le SRD permet de vendre des titres que l'on ne possède pas au moment de la vente. Prenons le cas d'un investisseur qui, le 10 décembre, ne détient pas encore d'action Y mais en vend une à un cours de 200 euros. La liquidation générale est fixée au 26 décembre :

— première solution : quelques jours plus tard (le 15 décembre), le cours de l'action baisse et n'est plus que de 100 euros et l'investisseur décide de l'acheter à ce prix. À l'échéance du mois boursier (décembre), son compte sera crédité d'un montant de 100 euros moins les frais de courtage ;

— deuxième solution : l'investisseur n'a pas acheté l'action Y avant la liquidation ; or il est supposé livrer le titre, qu'il ne possède pas, à l'acheteur ; il va alors proroger sa position sur la liquidation du mois suivant à des conditions tarifaires variables d'un intermédiaire à l'autre.

II / Les produits financiers et leur fonction économique

Les produits financiers négociés en Bourse sont nombreux et le rythme auquel vont les innovations peut surprendre. Alors que, jusqu'à la fin des années 1970, quelques variétés seulement étaient négociées sur les marchés, on ne compte plus désormais les produits à la disposition des agents. Et leur prolifération est loin de s'estomper. Mais si le rôle premier de la Bourse est de confronter la demande et l'offre de capitaux des agents économiques, cette vision de la Bourse doit être élargie. Car elle est aussi le lieu de résolution de conflits d'intérêt et de problèmes d'incitations entre agents, et cette fonction fonde bon nombre d'innovations financières. La Bourse remplit aussi la fonction de transfert et d'allocation optimale des risques.

Des titres de propriété : les actions

Une action est un titre de participation qui confère à son détenteur la propriété d'une fraction d'une entreprise (société) et le droit de vote aux assemblées générales. En général, à chaque action est attachée une voix. Cependant, il peut exister un droit de vote double pour les actions détenues depuis plus de deux ans. Ce droit détenu par l'actionnaire s'exerce lors des assemblées générales (AG), c'est-à-dire lors de réunion des actionnaires en vue de : a) constater l'exercice d'une année, approuver et éventuellement vérifier les comptes ; b) décider du partage du profit ; une partie du profit après impôt et provisionnement éventuel est mise en réserve et l'autre partie est distribuée aux actionnaires sous la forme de dividendes ; c) décider de la

Les différents types d'actions en France

Les *actions ordinaires* sont dites aussi *de capital* ; leur montant a été versé en espèces lors de l'émission. Il s'agit des titres que l'on rencontre le plus fréquemment sur le marché.

Les *actions à dividende prioritaire* (ADP) existent en France depuis 1978 et donnent le droit d'être servi en dividendes avant les autres actionnaires. Dès lors que le profit est positif, le dividende versé doit égaler au moins 7,5 % du nominal de l'action, sinon il doit être reporté sur les deux exercices suivants. Leur particularité est qu'il s'agit d'actions sans droit de vote. Toutefois, si l'engagement concernant la distribution de dividendes est rompu pendant trois exercices comptables, l'action retrouve son droit de vote pour redevenir en quelque sorte une action ordinaire.

Les *certificats d'investissement* (CI). Ce sont des titres sans droit de vote qui sont apparus après les nationalisations de 1981. L'objectif était de permettre des prises de participation par le public dans les entreprises nationalisées sans pour autant modifier l'actionnariat et faire perdre des voix à l'actionnaire principal : l'État. Lorsqu'un CI est émis, un droit de vote est distribué aux détenteurs d'actions ordinaires. Ce droit peut être négocié séparément du CI sur le marché et il peut être rattaché à ce dernier pour reconstituer une action ordinaire. Ces titres, de moins en moins répandus sur le marché français, peuvent aussi bien être émis par des entreprises publiques que par des entreprises privées.

Les *certificats d'investissement privilégiés* (CIP) sont des certificats d'investissement donnant droit au versement de dividendes plus attrayants. Leur différence avec les ADP dont ils sont très proches (absence de droit de vote et dividendes prioritaires) réside dans les clauses concernant la rupture de l'engagement de l'émetteur quant au versement des dividendes.

Les *actions de préférence* (AP) sont des titres pouvant être émis depuis 2005 en remplacement des ADP, CI et CIP dont les anciennes émissions continuent à être cotées sur le marché. De nature plus souple, les AP peuvent être assorties de droits particuliers définis librement et dont la durée est temporaire ou permanente (avec ou sans droit de vote, droit de vote pour un délai déterminé, droit de vote pouvant être suspendu ou supprimé, droit de vote à exercer dans l'entreprise mais aussi dans la société mère...). Ces actions répondent ainsi au souci d'introduire davantage de flexibilité dans l'organisation des pouvoirs entre actionnaires à l'image des pratiques anglo-saxonnes.

Les *actions à bons de souscription* (ABS) sont des actions assorties d'un bon lors de leur émission. Ce bon, qui peut être négocié séparément de l'action, permet à son détenteur de réaliser une opération à un prix fixé à l'avance (prix de souscription) jusqu'à une échéance donnée (période d'exercice). L'opération en question peut porter sur une action de la société émettrice (bon de souscription d'actions, BSA) ou une autre catégorie de titres (bon de souscription d'obligations, BSO...). Ces produits présentent un effet de levier très élevé (puisque la valeur de l'investissement initial, la valeur du bon, est très inférieure à celle du titre sous-jacent) ainsi qu'une très forte volatilité. En d'autres termes, ils amplifient les mouvements à la hausse comme à la baisse des cours des actions.

politique future de l'entreprise (investissements à réaliser, élargissement des secteurs d'activité, ouverture internationale...). Ainsi, pour résumer, en tant qu'actionnaire, on peut être considéré comme un associé dans l'entreprise, c'est-à-dire qu'on est associé à la gestion de l'entreprise, aux décisions à prendre et également aux bénéfices réalisés. On est conduit aussi dans ce cas à assumer la totalité des risques. En cas de faillite de l'entreprise, on peut ne pas être remboursé.

On distingue plusieurs catégories d'actions qui répondent à des besoins différents des demandeurs et offreurs de fonds. Certaines, les actions de préférence ou les *prefered shares* émises sur les marchés anglo-saxons, garantissent une participation plus élevée aux profits courants de l'entreprise. D'autres, les certificats d'investissement encore cotés en France, sont exempts de droits de vote et ne permettent par conséquent d'exercer aucun contrôle sur les décisions des dirigeants.

Coûts de transaction, réduction des risques et diversité de produits

Jusqu'au milieu des années 1970, seules les actions ordinaires étaient négociées sur les places boursières mondiales. Le développement des autres catégories s'est inscrit dans un contexte de compétitivité accrue des marchés. Il répond au souhait de satisfaire au mieux les besoins des agents économiques contraints dans leurs choix optimaux par la présence de coûts de transaction parfois élevés. Acquérir simultanément une combinaison de caractéristiques par la détention d'un titre unique évite de dupliquer les coûts de transaction. Le degré de risque auquel les agents souhaitent s'exposer est ainsi obtenu au moindre coût. Il est clair qu'en l'absence de frais de transaction, les agents composeraient eux-mêmes le menu de titres correspondant le mieux à leurs besoins. Cette offre de caractéristiques variées par les émetteurs de titres se fait toujours en contrepartie d'un avantage pour ces derniers. Ainsi, l'intérêt pour les entreprises de proposer des certificats d'investissement ou des actions à dividende prioritaire (qui sont toutefois en voie de disparition), c'est-à-dire des titres sans droit de vote, est de développer un actionnariat stable. Dans ce cas, lever des fonds sur le marché n'implique plus une dilution de pouvoir ou de contrôle.

Les indicateurs boursiers construits à partir du cours des actions

Dans leur démarche qui consiste à suivre de près l'évolution des différentes actions cotées, les investisseurs confrontent les informations financières essentiellement comptables (bilan, compte de résultat) à celles transmises par le marché au quotidien. Les indicateurs ainsi obtenus sont publiés par les bureaux d'analyse et repris dans la presse financière à l'échelle internationale. Ils peuvent porter sur des valeurs particulières ou sur l'ensemble du marché à des fins de comparaisons entre différentes places boursières.

Décote/surcote : le principe est de comparer la valeur boursière de l'entreprise (son prix en Bourse) à sa valeur liquidative (valeur de revente de tous ses actifs moins ses dettes). En fonction du secteur d'activité étudié, le concept de décote/surcote est plus ou moins pertinent. En l'occurrence, il l'est particulièrement si on analyse une société de portefeuille ou une société immobilière. En revanche, si on considère une société de services, on est confronté aux difficultés d'évaluation du *goodwill*, c'est-à-dire de la capacité de l'entreprise à valoriser ses éléments immatériels ou incorporels.

PER (*Price Earning Ratio*) : le PER d'une action, encore appelé son multiple de capitalisation, est défini comme le rapport entre le cours d'une action et le bénéfice par action à un instant donné (celui de l'année en cours ou celui estimé pour l'année suivante). Le PER d'une action représente donc le nombre de fois où le bénéfice est inclus dans le cours de l'action (nombre de fois où le cours capitalise le bénéfice). Il indique combien l'investisseur doit dépenser par unité monétaire (par euro) de bénéfice dégagé par l'entreprise. Un PER de 20 implique qu'il faut payer 20 euros pour avoir droit en retour à 1 euro de bénéfice ou, ce qui revient au même, qu'il faut vingt années de bénéfice par titre pour payer le titre.

Le PER peut être interprété de deux façons conduisant à des conclusions contradictoires. Selon l'approche traditionnelle qui privilégie une vision statique du PER, ce dernier serait tout simplement un indicateur de « cherté » d'une action. Plus le PER est faible, plus l'action est considérée comme bon marché compte tenu d'un bénéfice dégagé donné (dénominateur constant). Selon une approche plus moderne qui intègre les anticipations des investisseurs sur le marché, un PER plus élevé serait, au contraire, révélateur d'anticipations de bénéfices futurs plus élevés qui se reflètent instantanément dans le cours de l'action. Parce que le titre est plus demandé, son cours s'accroît (hausse du numérateur) à bénéfice courant inchangé (dénominateur constant).

Délai de recouvrement : l'inconvénient avec le PER est qu'il s'agit d'un indicateur statique. Or, il peut être intéressant pour un investisseur de connaître, à l'instant même de son investissement, le nombre théorique d'années nécessaires pour que le prix soit remboursé par le flux futur des bénéfices actualisés par action. C'est ce que nous indique le délai de recouvrement.

Rendement : le rendement, tel qu'il est défini par les boursiers, est égal au rapport entre le dividende distribué et le cours de l'action. Le rendement est souvent un mauvais indicateur car sa valeur est étroitement liée à la politique d'autofinancement et donc de distribution de dividendes propre à chaque firme. Le profit non distribué et réinvesti dans l'entreprise n'est pas pris en compte dans le rendement alors qu'il « appartient » de fait aux actionnaires, leur permettant d'envisager des perspectives de plus-values plus élevées venant compenser la faiblesse du dividende et donc du rendement. Ce concept ne peut servir de critère de choix qu'en présence de distorsions fiscales : taux d'imposition des revenus (dividendes) différent du taux d'imposition des plus-values.

Diversité des titres et information

La présence d'une grande variété de titres sur le marché se révèle également être d'une grande utilité car elle permet de véhiculer au mieux l'information nécessaire aux investisseurs. L'information reflétée par les cours de titres aux caractéristiques proches et émis par une même entreprise est un moyen d'isoler un certain nombre de facteurs pour les analyser de plus près. À titre d'exemple, lorsqu'une action à dividende prioritaire (ADP) est cotée sur le marché, elle l'est toujours en parallèle à une action ordinaire. En général, l'action ADP présente une décote par rapport à l'action ordinaire, les investisseurs accordant plus de poids au droit de vote qu'au dividende prioritaire. L'ampleur de la décote qui peut varier de 15 à 30 % est étroitement liée à des perspectives d'opération sur le capital de la société en question. En particulier, en cas de rumeurs d'OPA (offre publique d'achat) sur le titre, les investisseurs chercheront à privilégier l'acquisition d'actions ordinaires (incorporant un droit de vote) contribuant ainsi à creuser l'écart entre l'action ordinaire et l'ADP. Ainsi, l'analyse de l'ampleur et de l'évolution de la décote renseigne l'investisseur sur les transformations anticipées par le marché quant à la politique générale future d'une entreprise cotée.

Des titres de créance : les obligations

Les obligations sont des titres de créance représentatifs de dettes. Une obligation donne droit au paiement d'un intérêt et au remboursement du capital. Le détenteur d'une obligation perçoit un revenu connu à l'avance ou dont la révision se réalise dans des conditions précisées au moment de l'émission. Enfin, en cas de faillite de l'émetteur, le détenteur d'une créance est prioritaire sur l'actionnaire. À la différence des actions qui ne sont émises que par les sociétés privées, les obligations le sont aussi par les administrations publiques et les collectivités publiques et semi-publiques.

Alors qu'on ne comptait qu'un seul type d'obligations jusqu'au début des années 1970 à travers les différents marchés mondiaux, la volatilité accrue des taux d'intérêt a favorisé l'essor d'une grande variété de produits présentant une plus grande liquidité et un plus faible risque de taux d'intérêt. Les titres obligataires, aux caractéristiques désormais très diverses, peuvent néanmoins, à quelques exceptions près, être regroupés en quelques familles que sont les obligations classiques ou à taux fixes, les obligations à taux flottants et les obligations indexées.

Obligations ordinaires

Les obligations ordinaires (ou classiques) sont des obligations à taux fixe dont le coupon versé en général une fois par an est identique pendant toute la durée de vie du titre. Cette caractéristique rend ces titres particulièrement vulnérables au cours des périodes inflationnistes et en cas de variation des taux d'intérêt.

À titre d'exemple, supposons que, à l'émission, une obligation à dix ans, d'un nominal de 1 000 euros et remboursée au pair *in fine*, soit proposée aux souscripteurs au taux facial de 10 %. Cela signifie que, pendant dix ans, le détenteur de l'obligation percevra 100 euros tous les ans et le remboursement du principal (1 000 euros) à l'issue de la dixième année. Si le détenteur de l'obligation souhaite, pour une raison quelconque, revendre le titre sur le marché secondaire avant l'échéance, il sera confronté au problème suivant. Si le taux pratiqué sur les nouvelles obligations est de 15 % (150 euros de revenu annuel pour une obligation émise au pair à 1 000 euros), personne n'accepterait de lui racheter 1 000 euros un titre ne rapportant que 100 euros d'intérêts. La vente se réalisera à un prix inférieur à 1 000 euros (aux alentours de 750 euros), de façon à ce que, pour l'acheteur, la rémunération soit identique à celle du marché, c'est-à-dire de 15 %. De même, suite à une baisse des taux d'intérêt, le prix de revente sera supérieur à 1 000 euros. Ainsi, en cas de hausse des taux d'intérêt, le vendeur d'une obligation subit une moins-value. Dans le cas d'une baisse des taux d'intérêt, il réalise une plus-value. Par conséquent, le prix de revente de l'obligation dépendra de l'évolution des taux d'intérêt depuis son émission. Il est donc incertain. De façon similaire, l'émetteur d'une obligation à taux fixe subit un coût de financement supérieur à celui du marché en cas de baisse des taux d'intérêt. Un emprunt émis dans un contexte inflationniste à un taux nominal relativement élevé (par exemple 20 %) pour une durée relativement longue (par exemple quinze ans) peut se révéler excessivement coûteux si l'économie se dirige plus rapidement que prévu vers la désinflation. Les taux d'intérêt baissent mais la charge d'intérêt pour l'emprunteur est toujours aussi élevée. Il s'agit là typiquement de la situation du début des années 1980 dans la quasi-totalité des pays industrialisés qui

Vocabulaire du monde des obligations

La *valeur nominale* d'une obligation est celle qui sert de base au calcul de l'intérêt versé (le *coupon*). Le coupon est alors égal au *taux facial* (fixé à l'émission) multiplié par le nominal. Le *prix d'émission* est le montant du versement demandé au souscripteur lors de l'émission de l'obligation. Lorsque le prix d'émission est égal à la valeur nominale de l'obligation, l'émission est dite au *pair*. Mais elle peut être émise soit en dessous (cas le plus fréquent), soit en dessus du pair. La différence entre la valeur nominale et le prix d'émission constitue alors la *prime à l'émission*.

La *valeur de remboursement* est le montant perçu par l'obligataire en remboursement de son prêt. Lorsque la valeur de remboursement est égale à la valeur nominale, le remboursement est dit *au pair*. Mais la valeur de remboursement peut différer de la valeur nominale. La différence constitue alors la *prime de remboursement*.

La *date de souscription* est la date de paiement ou *date de règlement* de l'obligation. Si elle est postérieure à la date de jouissance, on dit qu'il y a *jouissance anticipée*. Dans le cas contraire, on dit qu'il y a *jouissance différée*. La possibilité de verser des primes à l'émission et/ou de remboursement ainsi que la possibilité de différer ou d'anticiper le règlement permettent notamment à l'émetteur de prendre en compte une évolution récente des taux du marché entre le montage du placement et l'émission effective.

La *durée de l'obligation* ou *durée de vie de l'obligation* est le temps qui sépare la date à partir de laquelle les intérêts courent (*date de jouissance*) de celle à laquelle l'emprunt est totalement remboursé (*date d'échéance*). La *maturité* ou *maturité résiduelle* de l'obligation est le temps qui sépare la date à laquelle on se trouve de la date d'échéance. Le remboursement de l'obligation peut être réalisé selon trois modalités principales différentes :

— le remboursement *in fine* : le remboursement est réalisé en une seule fois, le dernier jour de la durée de vie de l'obligation. L'annuité n'est donc composée que des seuls intérêts versés chaque année par l'émetteur ;

— le remboursement *par séries* ou *tranches annuelles égales* : chaque année, une partie de l'emprunt est remboursée. Un même nombre de titres, tirés au sort, est donc remboursé chaque année. Le montant de l'annuité diminue donc avec le temps puisque l'intérêt sur le capital restant dû diminue ;

— le remboursement *par annuités constantes* : l'annuité est constante. Aussi, puisque le montant de l'intérêt sur le capital restant dû diminue, l'émetteur rembourse chaque année (par tirage au sort), une part croissante de l'emprunt.

marquait le début d'une phase de durcissement des politiques monétaires et de désinflation. Les taux d'intérêt parfois proches de 20 % ont rémunéré des emprunts toujours en vie alors que les taux ont été divisés par plus de deux dès le milieu des années 1980. Afin de pallier ces inconvénients, qui affectent à la fois les emprunteurs et les investisseurs, les marchés obligataires ont donné naissance à d'autres formes de titres alliant liquidité et sécurité.

Obligations à taux flottant

Les obligations à taux flottant sont composées des obligations à taux variable et des obligations à taux révisable. Leur particularité est d'offrir une rémunération (taux d'intérêt) qui varie dans le temps en référence à une moyenne de taux constatés sur le marché. Les titres à taux révisable versent un intérêt périodique qui est calqué sur l'évolution récente des marchés alors que ceux à taux variables procurent une rémunération calculée comme une moyenne des conditions offertes par le marché jusqu'au jour du détachement du coupon. Les références qui servent de base au calcul des intérêts sont multiples et les modes de calcul très variés. La rémunération dépend soit de l'évolution du marché monétaire ou du marché des bons du Trésor (références de court terme), soit du marché obligataire (références de long terme).

Comment expliquer l'intérêt que peut présenter la grande variété des taux de référence qui existe sur le marché ? Émetteurs et souscripteurs ont en fait la possibilité de sélectionner les caractéristiques qui répondent le mieux à leurs besoins. Ainsi un investisseur (souscripteur) aura tout d'abord le choix entre une référence de long terme (référence obligataire) et une référence de plus court terme (référence monétaire ou bon du Trésor). Parmi la grande variété qui existe dans chaque grande catégorie, il devra ensuite faire un choix portant sur le mode de calcul qui intègre une période de référence plus ou moins longue et une actualisation plus ou moins importante. En fonction de ses anticipations quant à l'évolution et la volatilité des taux à très court terme et/ou ses contraintes (flux de trésorerie, coût des engagements...), il sélectionnera une référence donnée. Il est important de noter cependant qu'un taux révisable peut être assimilé à un taux fixe de courte période régulièrement révisé (à la hausse comme à la baisse). Le souscripteur connaît donc à l'avance le montant des intérêts qu'il recevra en fin de période mais il est exposé à un risque de moins-value. Mais cela ne signifie pas pour autant que ce risque soit absent pour les obligations à taux variable car tout dépendra de l'évolution des taux de diverses échéances (structure par terme des taux d'intérêt) mais aussi de leur volatilité. La grande variété des taux de référence utilisés rend la comparaison entre les différents emprunts particulièrement complexe. Il est vrai que le marché obligataire requiert une haute technicité de la part des opérateurs qui interviennent sur ce segment du marché financier.

Obligations indexées

Ce sont des obligations dont la valeur de remboursement et/ou les intérêts sont liés à l'évolution d'un indice de référence. Ces emprunts sont apparus dans les années 1970 dans un environnement économique marqué par la stagflation. Certains emprunts obligataires, même s'ils sont déjà remboursés depuis quelque temps, restent célèbres. Il s'agit notamment de l'emprunt 4,5 % 1973 (issu de la rente Pinay 1952). La valeur de remboursement du capital était indexée sur la pièce d'or de 20 francs (le Napoléon). Il a été remboursé par anticipation en juin 1988. On compte aussi l'emprunt 7,5 % 1973 (dit emprunt Giscard). Les intérêts et la valeur de remboursement étaient indexés sur l'or. Il a été remboursé dans sa totalité en janvier 1988. Ces deux emprunts restent célèbres car ils se sont révélés ruineux pour le Trésor français du fait de l'appréciation du cours de l'or à la suite de leur lancement. Par exemple, le 7,5 % 1973 a coûté au total, en francs constants, quatre fois et demie le montant émis. Ces premières expériences qui se sont soldées par des désastres financiers ont poussé les emprunteurs à faire preuve d'imagination pour proposer des produits qui, tout en présentant aux investisseurs des caractéristiques similaires, offrent une couverture aux émetteurs. À titre d'exemple, on peut citer des indexations récentes plus complexes comme celles des obligations *Bull and Bear* ou ESOP (emprunts à sensibilité opposée). Il s'agit d'emprunts divisés en deux tranches égales dont la valeur évolue en sens inverse. La tranche *Bull* (expression utilisée aux États-Unis pour dire que le marché est haussier) est la tranche offensive, dont la valeur croît avec l'indice de référence. La tranche *Bear* (marché baissier) est la tranche défensive, dont la valeur croît avec une diminution de l'indice de référence. Les indices de référence sont nombreux (indice boursier comme le CAC 40, moyenne de taux d'intérêt observés sur le marché obligataire comme le TMO...). L'émission en deux tranches strictement égales fait que, pour l'emprunteur, elle est équivalente à une émission unique à taux fixe ou variable. En revanche, elle offre à l'investisseur la possibilité de choisir l'une des deux tranches selon ses anticipations d'évolution de l'indice de référence.

La cotation des obligations

Le prix des obligations est exprimé de deux façons, en pourcentage au pied de coupon ou en euros.

La cotation au pied de coupon

Cette méthode est appliquée pour les obligations à taux fixe ou flottant, c'est-à-dire pour la grande majorité des obligations. Le prix de l'obligation est exprimé en pourcentage de la valeur nominale du titre sans tenir compte de la fraction du coupon couru (CC) depuis le dernier détachement. Par exemple, un titre d'un nominal de 1 euro et dont le prix pied de coupon (hors coupon couru) est de 1,10 euro cote 110 %. La cotation en pourcentage permet de comparer les prix d'obligations de valeurs nominales différentes. Le prix de l'obligation en pourcentage coupon couru inclus s'obtient ensuite en additionnant son prix pied de coupon en pourcentage P % et son coupon couru en pourcentage CC %. Le prix en euros s'obtient ensuite en appliquant le prix en pourcentage au nominal N de l'obligation, soit : $P_{euros} = (P\ \% + CC\ \%).\ N$

La cotation au pied de coupon permet, d'une part, de comparer les prix d'obligations dont les dates de détachement du coupon diffèrent et, d'autre part, d'éviter une évolution continue du prix des obligations liée à l'évolution du seul coupon, c'est-à-dire à l'évolution du temps, et non des conditions du marché (des taux d'intérêt notamment).

La cotation en euros

Tous les emprunts dont le prix est complexe à calculer, notamment lorsqu'il dépend de plusieurs facteurs (par exemple les obligations convertibles en actions), sont cotés directement en euros et coupon couru inclus.

Par ailleurs, le rendement de certains emprunts est exclusivement calqué sur l'inflation. Ainsi, le Trésor français a procédé, pour la première fois en septembre 1998, à l'émission d'une OAT (obligation assimilable du Trésor) indexée sur l'inflation. La structure de cette obligation, l'OATi, est celle d'une obligation à taux fixe dont tous les flux (coupon couru, coupon plein et principal à l'échéance) sont payés en appliquant un coefficient d'indexation égal à l'évolution de l'inflation entre la date initiale et la date de paiement du flux. Cette procédure d'indexation fait que l'OATi n'est sensible qu'à l'évolution des taux d'intérêt réels (taux d'intérêt nominaux moins inflation), historiquement plus stables que les taux d'intérêt nominaux. Elle offre donc une protection contre les risques d'inflation non anticipée et représente, de ce fait, l'actif le moins risqué actuellement sur le marché. Par ailleurs, dans la mesure où son rendement est peu corrélé à ceux des autres actifs (notamment à ceux des obligations classiques ou à taux variable), il constitue un instrument idéal de diversification. Enfin, combinée avec des obligations classiques, elle permet aux investisseurs de séparer le risque inflationniste du risque de taux réel et ainsi de gérer plus efficacement le risque.

Déterminants du cours d'une obligation

Le taux d'intérêt est à l'évidence l'élément prépondérant dans l'évaluation d'une obligation. Toute baisse des taux d'intérêt entraîne une hausse du prix d'une obligation et *vice versa*. Afin de bâtir des scénarios quant à la performance future d'un produit obligataire, les investisseurs disposent du concept de *duration*. Celui-ci, appelé parfois « vie moyenne », renseigne sur la sensibilité du prix d'une obligation face à une variation du taux d'intérêt. Il s'agit aussi d'un indicateur synthétique qui permet de comparer directement les obligations, aux caractéristiques bien diverses, entre elles. Mais d'autres facteurs tels que la qualité de l'émetteur, la liquidité et la fiscalité interviennent aussi dans la valorisation d'une obligation.

Les titres hybrides

Pour répondre à une exigence accrue des investisseurs mais aussi pour faciliter la gestion des engagements pour les émetteurs sont apparus, à partir du début des années 1980, des titres se situant à mi-chemin entre les actions et les obligations. Ces produits qualifiés de titres hybrides ou de valeurs mobilières composées constituent un véritable défi s'agissant de leur valorisation dans la mesure où ils combinent simultanément les caractéristiques de titres de propriété, titres de créances et parfois même de produits plus complexes que sont les options. Ils permettent toutefois de réduire les coûts de transaction en évitant la multiplication des émissions et acquisitions de titres. Par ailleurs, leur statut en tant que fonds propres ou engagements est difficile à appréhender d'autant plus qu'il peut fluctuer dans le temps en fonction des résultats de l'émetteur et des options prises par les souscripteurs.

Coûts de transaction et diversification

En proposant par exemple des titres participatifs, les entreprises réduisent leur coût de financement en périodes de

Quelques titres hybrides

Les *titres participatifs* (TP) sont des titres hybrides à mi-chemin entre des actions et des obligations. Ils existent depuis 1983 pour permettre aux sociétés de lever des quasi-fonds propres sur le marché. Ils sont en principe non remboursables. Leur principale caractéristique est de procurer à leurs détenteurs une rémunération qui est pour partie fixe ou garantie et pour partie variable indexée à un indicateur de performance de la société (chiffre d'affaires, valeur ajoutée, résultat net...).

Les obligations à bons de souscription sont des *obligations à bons de souscription d'actions* (OBSA) et les OBSO, des *obligations à bons de souscription d'obligations*, c'est-à-dire des obligations classiques à taux fixe ou variable auxquelles l'émetteur joint à l'émission des bons de souscription d'actions ou d'obligations à exercer sur une période donnée et à un prix prédéterminé. Ces bons sont détachables des obligations et négociables séparément.

Les *obligations convertibles* (OC) sont des obligations, généralement à taux fixe, que le porteur a la possibilité d'échanger, sur une période prédéterminée, en actions de la société émettrice.

Les *titres subordonnés à durée indéterminée* (TSDI) ou *remboursables* (TSR). La subordination signifie qu'en cas de liquidation de la société émettrice, le remboursement des souscripteurs n'a lieu qu'après le remboursement de tous les autres créanciers ordinaires. Dans le cas des TSDI, la durée de l'emprunt est inconnue et peut être relativement longue comparée aux obligations classiques. Pour ces raisons, les titres subordonnés sont considérés comme des quasi-fonds propres.

résultats médiocres. Elles lèvent des fonds à faible coût en cas de mauvaises performances car la partie fixe de rémunération est, bien entendu, plus faible que le revenu procuré par une obligation ordinaire. En contrepartie, l'avantage pour le détenteur d'un titre participatif est une diversification de portefeuille qui procure un revenu garanti en cas de mauvais résultats de l'émetteur tout en lui permettant d'être associé aux bénéfices réalisés en cas de bons résultats (le revenu perçu est dans ce cas plus élevé que celui d'une obligation classique).

Ces caractéristiques sont proches de celles des obligations convertibles qui sont tantôt assimilées à des obligations ordinaires (obligation convertible de type obligataire), à des actions (obligation convertible de type action) ou encore à des titres à mi-chemin entre les deux (obligation convertible de type intermédiaire). Car, en fonction de l'évolution du cours de l'action de la société émettrice, la probabilité que l'option de conversion soit exercée est plus ou moins grande.

Émettre des actions à bon de souscription permet aux entreprises de préparer les levées futures de fonds et de réduire leur coût de financement en offrant des caractéristiques variées au souscripteur. En contrepartie, l'épargnant souscripteur a l'avantage de détenir un portefeuille diversifié à frais de transaction réduits.

En joignant des bons de souscription aux obligations, l'émetteur peut, d'une part, servir des taux de coupons plus faibles (donc obtenir des ressources à coût moindre) et, d'autre part, préparer ses levées de fonds futurs.

Indicateurs de solvabilité

Les titres subordonnés, qui ont pour caractéristique d'être assimilés à des quasi-fonds propres, facilitent la gestion à long terme du financement des entités à besoin de financement. S'agissant de créances de dernier rang, ils sont assortis de rémunérations plus élevées que celles des obligations classiques. Les rendements de ces titres sur le marché sont d'ailleurs souvent considérés comme des indicateurs pertinents de l'état de santé des émetteurs concernés. Toute hausse ou baisse du rendement d'un titre subordonné renvoie directement à des considérations de solvabilité dans la mesure où les détenteurs de ces titres doivent étroitement surveiller les conditions financières de l'emprunteur et procéder aux arbitrages nécessaires. Cette fonction de discipline de marché et de transmission de l'information joue d'ailleurs de façon effective pour les banques qui ont l'habitude de recourir largement à ce mode de financement pour répondre aux exigences des règles de solvabilité qui leur sont imposées (réglementation prudentielle).

Gestion des conflits d'intérêt

De façon générale, les produits hybrides assurent une fonction primordiale dans la gestion des conflits d'intérêts entre actionnaires et créanciers. Détenus par des investisseurs sujets à une schizophrénie plus ou moins intense (ils sont tantôt à la fois actionnaires et créanciers dans des proportions égales, tantôt plus l'un que l'autre), leur position peut sous certaines conditions induire des comportements qui peuvent satisfaire le plus grand nombre. Car les uns (les actionnaires purs) vont privilégier les stratégies de développement de l'entreprise les plus rémunératrices mais aussi les plus risquées, alors que les autres (les créanciers purs) ne se soucient que de la sécurité de leurs créances dont la rémunération fixe est indépendante des résultats de l'entreprise.

La gestion des risques : les produits dérivés

Même si la Bourse (le marché secondaire) permet à tout moment à l'agent épargnant de retrouver sa liquidité, les placements qu'il peut y effectuer sont risqués. Or la fonction économique des marchés dérivés est la couverture des risques. Comprendre pourquoi et comment ces marchés se sont développés à un rythme fulgurant depuis le début des années 1970 requiert de s'attarder quelque peu sur le concept de risque financier et sur l'environnement économique déréglementé depuis la fin du XXe siècle.

Les risques sur les marchés financiers

Le *risque de défaut* correspond à celui de défaillance de l'emprunteur émetteur. Lorsque l'entreprise émettrice se trouve, à un moment donné, en difficulté, voire en cessation d'activité, les détenteurs d'obligations, même s'ils sont prioritaires par rapport aux détenteurs d'actions, peuvent ne récupérer qu'une fraction des fonds prêtés initialement. De même, les détenteurs d'actions ne font alors que se partager les fonds disponibles, une fois les dettes (obligataires ou non) honorées.

Le *risque de taux d'intérêt* est celui associé aux plus- ou moins-values réalisées lors de la revente d'un titre à revenu fixe (une obligation à taux fixe). Le prix d'un titre à revenu fixe varie en sens inverse des taux d'intérêt afin de refléter les nouvelles conditions de taux pratiqués sur le marché.

Le *risque de plus- ou moins-values sur des valeurs à revenu variable* (les actions) est influencé par de nombreux facteurs. On distingue en général les facteurs spécifiques à l'entreprise et à son secteur d'activité (état de santé de l'entreprise, perspectives d'évolution des résultats de l'entreprise et de son secteur d'activité...) des facteurs plus généraux liés aux perspectives macroéconomiques (cycle de l'activité, reprise, récession, taux d'intérêt, inflation, évolution de l'emploi...). En cas de revente, le prix d'une action est donc lui aussi incertain.

Le *risque de change* correspond au risque de plus- ou moins-values engendrées par des fluctuations des cours des devises. Dès lors que les investissements en valeurs mobilières peuvent se concevoir à l'échelle internationale, emprunteurs et épargnants ne sont pas à l'abri des fluctuations de change. L'entreprise française qui aura contracté un emprunt en dollars par exemple se verra devoir rembourser un montant en euros supérieur à celui emprunté en cas d'appréciation du dollar. De même, l'achat d'une action sur le marché de New York peut se révéler inintéressant pour l'investisseur français en cas de dépréciation du dollar. Le risque de change vient s'ajouter au risque de plus- ou moins-value évoqué plus haut. Et il est désormais omniprésent avec la plus forte intégration internationale des marchés des capitaux.

Montée des risques et émergence des marchés dérivés

On évoque en général trois raisons qui ont rendu plus aléatoire toute opération de financement et de placement depuis la fin des années 1970.

La première a trait au flottement des monnaies depuis 1973 avec l'abandon du système de taux change fixe de Bretton Woods. Notamment si l'on considère le cas du dollar, celui-ci a vu son cours par rapport au franc plus que doubler au milieu des années 1980 pour revenir ensuite à des niveaux proches de sa valeur initiale. Cette variabilité des taux de change a eu pour effet d'augmenter le risque de change et donc le poids de l'incertitude dans les décisions des agents économiques. De surcroît, la plus forte volatilité des taux — concept qui fait référence non seulement à la variabilité mais également à la fréquence plus élevée des variations — expose les opérateurs financiers à des risques devant être surveillés au quotidien.

La seconde est relative à la généralisation des politiques monétaires par régulation des taux d'intérêt (politique d'*open market*) par les banques centrales. Celle-ci a entraîné une instabilité et une volatilité des taux d'intérêt sans précédent. De fait, jamais la gestion d'un portefeuille d'obligations et la politique d'endettement des agents n'ont autant été exposées au risque de taux d'intérêt. De mauvais choix ont souvent été synonymes de faillites, même pour les professionnels les plus expérimentés.

Enfin, la troisième renvoie au mouvement de déréglementation qui affecte l'activité économique et financière de façon générale. Dans le domaine financier, la déréglementation des activités des intermédiaires financiers, notamment des banques, a contribué à une *marchéisation* de la finance qui soumet les professionnels à une concurrence plus vive. La baisse des marges et des rentabilités qui s'est ensuivie, a fragilisé les bilans des institutions financières. Lorsque ces dernières cherchent à défendre leurs résultats, elles s'exposent souvent de façon abusive au risque en adoptant par exemple des positions spéculatives.

Les marchés dérivés

Que doit-on comprendre par marché dérivé ? Il s'agit d'un marché sur lequel on négocie des contrats qui portent sur l'avenir, relatifs à des produits (ou « dérivants » de produits) qui sont négociés au présent. Lorsqu'on effectue ses achats quotidiens, on réalise des opérations (ou contrats) au comptant, c'est-à-dire avec règlement et livraison immédiats de la marchandise. Or imaginons que ce ne soit plus le cas. Supposons que, plutôt que d'acheter du café aujourd'hui, vous conveniez avec votre épicier d'un prix pour 1 kg de café qu'il vous livrerait dans trois mois. Le cours du café étant instable, vous pourriez ainsi vous assurer un niveau de dépense connu à l'avance pour une consommation future. Dans ce cas, vous avez conclu un contrat dit à terme. Supposons maintenant que, au lieu de vous engager fermement à régler la somme convenue à votre épicier dans trois mois (en échange du café), vous lui proposiez de verser une avance (des « arrhes ») qui vous permettrait de vous désengager le moment venu. Dans ce cas, vous avez conclu un contrat dit conditionnel. Ces deux cas de figure (contrat à terme et contrat conditionnel) correspondent à des contrats ou produits dits dérivés. Ces produits peuvent être négociés sur deux catégories de marchés : les marchés de gré à gré et les marchés organisés.

Marchés de gré à gré

Les marchés de gré à gré existaient déjà avant les années 1970, mais ils se sont largement développés depuis avec l'apparition de nouveaux instruments. Sur ces marchés sont négociés des contrats dont les termes sont intégralement fixés par les deux cocontractants (l'acheteur et le vendeur). Ils ont l'avantage de répondre, de façon parfaite, aux besoins des agents économiques. Prenons l'exemple d'une entreprise qui sait qu'elle devra emprunter dans deux mois la somme d'un million d'euros pour une durée de quatre mois : elle s'expose à un risque de taux d'intérêt (car elle ne connaît pas le taux qui prévaudra dans deux mois pour un emprunt de quatre mois) et à un risque de liquidité (c'est-à-dire qu'elle ne sait pas si elle trouvera un prêteur pour quatre mois dans deux mois). Elle peut se couvrir contre ces deux risques en fixant, dès aujourd'hui, le montant et le taux de l'emprunt ; elle réalise alors une opération dite terme à terme (*forward/forward*). Elle doit en fait trouver sur le marché une contrepartie qui s'engagera aujourd'hui à lui prêter cette somme

Produits à terme et produits conditionnels

Un *produit ou instrument à terme* est la matérialisation d'un contrat dans lequel les cocontractants fixent, à un instant donné, les modalités d'une transaction (en termes de quantité et de prix) pour une livraison et un règlement qui auront lieu à une date ultérieure. Ces produits permettent donc de garantir dès aujourd'hui les termes d'une opération qui aura lieu à une date future. L'opération peut porter sur toute forme d'actifs ou de biens et services dès lors que l'incertitude pèse sur leur prix dans un futur plus ou moins proche. Initialement, ces contrats ont porté sur les produits agricoles dont les prix sont fortement sujets aux aléas climatiques. C'est à Chicago au XVe siècle que sont nés les premiers marchés à terme sur marchandises agricoles. Le but était de répondre à un besoin de couverture dans un secteur où les résultats sont incertains, notamment parce que le temps de production est long (décalage entre le temps des semailles et celui de la récolte des moissons). Ainsi, à titre d'exemple, un exploitant agricole qui vient de semer son blé (qu'il ne récoltera que plusieurs mois après) peut, en se présentant sur ce marché, le vendre dès aujourd'hui à un prix convenu d'avance. Cette opération le couvre contre toute baisse du cours du blé et lui assure la réalisation de recettes connues à l'avance. Face à lui, l'acheteur à terme du blé peut être un agent qui redoute au contraire une envolée des cours dans le futur ou un spéculateur qui anticipe une hausse des cours et dont le but est de réaliser un profit en revendant le blé à un prix plus élevé sur le marché au comptant au moment même où il devra régler l'achat (à l'échéance du contrat à terme). L'inconvénient de ce type de contrat, toutefois, est que les cocontractants sont liés de façon stricte par leur engagement. Ainsi, si à l'approche de l'échéance le cours au comptant du blé s'était apprécié, cela représenterait un manque à gagner pour l'exploitant agricole qui est tenu de le livrer au cours spécifié dans le contrat à terme. Dans ce cas, l'exploitant va regretter de s'être engagé dans le contrat à terme qui le contraint à réaliser des recettes plus faibles. Cet inconvénient explique le développement des produits dits conditionnels.

Un *produit ou instrument conditionnel* (ou option) obéit aux mêmes principes qu'un produit à terme, à la différence près qu'il permet de se désengager du contrat à l'échéance. Si l'exploitant agricole qui redoute une baisse du cours du blé achetait un produit conditionnel, il se contenterait alors d'acheter le droit de vendre son blé dans le futur à un prix fixé aujourd'hui. À l'échéance, il pourra comparer ce prix (à terme) au prix au comptant sur le marché. Si le prix au comptant est supérieur au prix à terme, il abandonnera son droit. Si, dans le cas contraire, le comptant est inférieur au terme, il aura tout intérêt à exercer son droit de le vendre au prix spécifié dans le contrat conditionnel. Ainsi, cet instrument s'apparente à un contrat d'assurance par lequel l'agent économique se garantit contre toute évolution des prix qui lui serait défavorable tout en se réservant la possibilité d'exploiter une variation des prix qui lui serait bénéfique.

dans deux mois pendant quatre mois à un taux d'intérêt convenu d'avance. Ce type d'opération permet aux intervenants d'assurer le taux d'un financement pour l'emprunteur et le taux d'un placement pour un prêteur. Il garantit aussi la liquidité de l'opération à venir. Toutefois, deux inconvénients majeurs limitent la progression de ce type de marché où les opérations sont conclues de gré à gré.

Il y a tout d'abord un problème de liquidité découlant du particularisme de tels contrats, qui empêche toute standardisation des produits. Par exemple, si l'entreprise décidait au cours de la période d'attente de ne plus emprunter, il faudrait qu'elle « déboucle sa position », c'est-à-dire qu'elle revende son contrat. Mais pour cela, il lui faut trouver un acheteur qui recherche les mêmes conditions d'emprunt (même montant, même durée et même date de départ). Et la recherche d'une nouvelle contrepartie adaptée est souvent difficile.

Il y a ensuite un risque de contrepartie qui est omniprésent dans ces contrats. En effet, si, à l'issue de la période d'attente, l'un des contractants venait à rompre son engagement (s'il venait à défaillir), il ne resterait à l'autre que la solution d'envisager un règlement judiciaire. Ces deux inconvénients expliquent l'apparition et le fort développement des marchés dits organisés.

Marchés organisés

Sur ces marchés sont négociés des contrats analogues à ceux des marchés de gré à gré mais avec des montants et des échéances standardisés. Ces marchés sont généralement très liquides et, par conséquent, ils permettent de prendre et de déboucler facilement des positions.

Alors que la création des premiers marchés organisés sur marchandises et produits agricoles remonte au siècle dernier (Liverpool en 1842 et surtout Chicago en 1848), les instruments financiers n'ont fait leur apparition qu'en 1974 aux États-Unis. En France, deux compartiments furent créés au milieu des années 1980. On distingue désormais le marché à terme des instruments financiers (MATIF) créé en 1986 (rebaptisé le marché à terme international de France en 1988) du marché des options négociables de Paris (MONEP) créé en 1987 pour introduire des produits conditionnels.

Un atout de ces marchés est que l'on ne traite pas directement avec un cocontractant mais avec un organisme gérant le marché

Les contrats du MATIF et du MONEP (Euronext-Liffe Paris)

Sur un marché à terme organisé comme le MATIF (Marché à terme international de France) se négocient des produits appelés *futures*. Le premier type de contrat apparu sur le MATIF est le « notionnel 10 % », désormais l'« Euronotionnel 3,5 % », qui permet la couverture du risque d'intérêt. Ce contrat porte sur un emprunt correspondant à des obligations d'État de long terme (8,5-10,5 ans). Cet emprunt est théorique ; il n'existe pas ; d'où son qualificatif de notionnel. En échangeant ce titre fictif, les agents peuvent se protéger (stratégie de couverture) ou tirer profit (stratégie de spéculation) des variations de taux d'intérêt dans le futur. Depuis sa création, d'autres contrats ont progressivement été introduits. Par exemple, le contrat sur bons du Trésor à quatre-vingt-dix jours permet de gérer les risques de taux d'intérêt de court terme. Des contrats sur indice boursier (contrat CAC 40 à terme) servent à se couvrir contre les variations du marché des actions dans son ensemble, ou encore à exploiter ses soubresauts dans un but spéculatif...

Sur un marché comme le MONEP (Marché des options négociables de Paris) s'échangent des options négociables. Une option confère à son acquéreur le droit (mais non l'obligation) d'acheter ou de vendre un actif (action, indice boursier...) à un prix donné, pendant une période donnée. On distingue l'option d'achat (*call*) de l'option de vente (*put*). Sur le MONEP, les premiers contrats créés portaient sur des options sur actions. L'acheteur d'une option d'achat d'action se réserve, en payant une prime, le droit d'acheter, à n'importe quel moment jusqu'à l'échéance du contrat, l'action en question à un cours défini à l'avance (le prix d'exercice). Face à lui, le vendeur qui a encaissé la prime se doit d'exécuter la vente à ce prix, à tout moment, si tel est le souhait de l'acheteur. L'acheteur d'une option de vente se réserve quant à lui le droit de vendre l'action à des conditions déjà définies. Face à lui, le vendeur qui a encaissé la prime est obligé de se soumettre à la volonté de l'acheteur. En fonction de l'évolution du cours de l'action sur le marché, l'acheteur aura intérêt ou non à exercer l'option pour maximiser ses gains. Ainsi, on peut vendre ou acheter une option d'achat, ou vendre ou acheter une option de vente. On ne rentrera pas ici dans l'étude détaillée d'un produit dont la gestion est des plus complexe. On notera seulement qu'en l'exploitant habilement, il peut représenter un instrument de couverture ou de spéculation redoutable.

et qui fait écran (Euronext-Liffe Paris dans le cas de la France). Dans la pratique, on vend (ou on achète) un contrat à l'organisme écran qui le vend (ou l'achète) à l'autre cocontractant. Il n'y a plus de risque de contrepartie car l'organisme écran se couvre lui-même en exigeant le versement d'un dépôt de garantie (*deposit*) et en utilisant la procédure des appels de marge (en fonction de l'évolution des cotations, le dépôt de garantie initial est révisé chaque jour, voire plusieurs fois par jour, en fonction de l'évolution du marché, pour éviter toute perte à l'organisme écran). Par ces mécanismes, ces marchés offrent une très grande sécurité aux opérateurs. Ils présentent cependant des inconvénients qui découlent directement de leurs avantages. Les montants et les échéances étant standardisés, ils ne correspondent donc pas toujours aux besoins précis des cocontractants. Par ailleurs, les mécanismes de dépôt de garantie et d'appels de marge ont une incidence sur la trésorerie des opérateurs.

III / Le rôle de la Bourse dans le système financier

Les marchés boursiers ont historiquement occupé une plus ou moins grande place dans les schémas de financement des économies. Le poids de la Bourse au sein du système financier considéré dans sa globalité est d'ailleurs, aujourd'hui encore, très variable d'un pays à l'autre. Dans les systèmes anglo-saxons, les marchés boursiers jouent un rôle majeur dans le financement de l'économie. À l'opposé, dans les systèmes japonais et allemand, ce sont les circuits de financement hors marché, c'est-à-dire bancaires, qui tiennent une place traditionnellement prééminente. Or, dans tous les cas de figure, la fonction du système financier est de canaliser l'épargne pour assurer le financement de l'économie. Il faut donc s'interroger sur les raisons qui conduisent à privilégier une modalité particulière de financement. À première vue, la spécificité des Bourses de valeurs est surtout d'organiser la négociation et la cotation de titres en ayant au préalable procédé à un appel public à l'épargne. Les schémas de financements bancaires, quant à eux, serviraient d'écran entre les demandeurs et les offreurs de fonds (réduction des risques), tout en assurant la disponibilité et la liquidité de l'épargne. Mais la cotation sur les marchés boursiers a aussi pour fonction d'assurer la liquidité et les grandes transformations qu'ils ont connues à la fin du XXe siècle leur permettent également de gérer les risques. Qu'y a-t-il donc de fondamentalement différent entre les diverses modalités de financement de l'économie et de canalisation de l'épargne ? Comment situer le marché boursier dans l'ensemble plus vaste que représente le marché des capitaux ?

Le système financier

D'une façon générale, la finance consiste à étudier la manière dont les individus répartissent des ressources rares au cours du temps. Leurs décisions sont prises au sein du système financier qui a pour fonction d'ajuster les comportements des uns et des autres. Ainsi, le système financier peut être défini comme un ensemble composé de marchés mais aussi d'institutions où se nouent des contrats financiers. On y trouve différentes catégories de marchés, en l'occurrence le marché des actions, celui des obligations ou encore des marchés d'instruments financiers plus complexes. Parmi les institutions présentes dans le système financier, on peut citer les banques, les compagnies d'assurance ou encore diverses autres catégories d'agents financiers. Ces institutions sont regroupées sous l'appellation d'intermédiaires financiers dont les banques ne constituent qu'un sous-groupe. On compte enfin des instances réglementaires dont la fonction est de veiller au bon fonctionnement du système dans le respect des règles édictées par les autorités financières.

Les principaux acteurs

Il existe deux principales catégories d'acteurs qui ont recours au système financier. On a, d'un côté, des acteurs qui sont en quête permanente de ressources pour réaliser leurs projets, qualifiés d'agents à besoin de financement, il s'agit essentiellement des entreprises et des administrations. De l'autre côté, on trouve des agents dits à capacité de financement, qui disposent de ressources excédant leurs besoins immédiats de dépenses, en général, il est fait ici référence aux ménages. Cette segmentation n'est pas exclusive dans la mesure où le même agent économique peut être classé dans les deux catégories simultanément. Par exemple, un ménage peut éprouver le besoin de collecter des ressources par emprunt pour financer certaines opérations (telles que l'acquisition d'un logement). Toutefois, la position nette des ménages lorsqu'on les considère globalement est excédentaire. De même, si les entreprises peuvent être amenées à effectuer des placements de trésorerie, leur position globale nette reste déficitaire. On comprend aisément que ces deux catégories d'agents aux besoins complémentaires aient intérêt à entrer en contact afin de collaborer pour le bien-être et la satisfaction de tous.

Efficacité du système financier

Cependant, la rencontre entre ces agents peut s'organiser de diverses manières et conduire à des situations qui ne satisferont pas toujours le plus grand nombre. Or du bon fonctionnement du système financier — organe permettant de réguler les décisions financières — dépend l'efficacité de l'ensemble de l'économie. En effet, la destination première des emprunts est le financement des investissements, et ces derniers constituent un facteur indispensable à la croissance économique. Il paraît donc important qu'un système financier soit efficace, c'est-à-dire qu'il soit capable de collecter suffisamment d'épargne et d'en assurer la meilleure allocation possible au moindre coût ; cela suppose alors l'instauration d'un système qui permettrait aux emprunteurs qui le méritent le plus (vu la qualité de leur projet) d'être servis en financements avant les autres et à des conditions plus avantageuses.

Depuis les années 1980, la quasi-totalité des systèmes financiers des pays occidentaux ont connu de profondes mutations, l'objectif étant la recherche d'une meilleure efficacité. Pour être plus efficaces, il fallait qu'ils changent. Ces changements se sont traduits essentiellement par la disparition de barrières réglementaires, disparition qui doit, en théorie, permettre une allocation plus efficace des ressources dans l'économie. Mais quels sont les différents modes d'acheminement de l'épargne vers les agents à besoin de financement et comment juger de leur efficacité ?

Finance directe et finance indirecte : une distinction traditionnelle

Le marché qui met en relation des agents à besoin de financement et des agents à capacité de financement, c'est-à-dire des producteurs emprunteurs et des épargnants prêteurs, est le marché des capitaux dans sa définition large. Cette rencontre peut se réaliser de deux façons distinctes. Il peut, d'une part, s'agir d'une *rencontre directe* par l'intermédiaire du marché (direct) des capitaux. Dans ce cas, prêteurs et emprunteurs sont face à face. Il peut, d'autre part, s'agir d'une *rencontre indirecte* par l'intermédiaire du marché du crédit, ou marché dit de l'intermédiation bancaire. On se situe dans un schéma de finance directe dans le premier cas, et de finance indirecte (ou finance intermédiée) dans le second.

Dans le cas de la finance directe, les agents prêteurs et emprunteurs se rencontrent directement sur le marché financier (marché des valeurs mobilières) pour échanger des titres de créance (obligations), des titres de propriété (actions) ou encore des valeurs mobilières composées, c'est-à-dire des titres hybrides à mi-chemin entre les actions et les obligations.

Dans le cas de la finance indirecte, les agents prêteurs déposent leurs fonds auprès des banques qui les transforment en crédits octroyés aux agents emprunteurs.

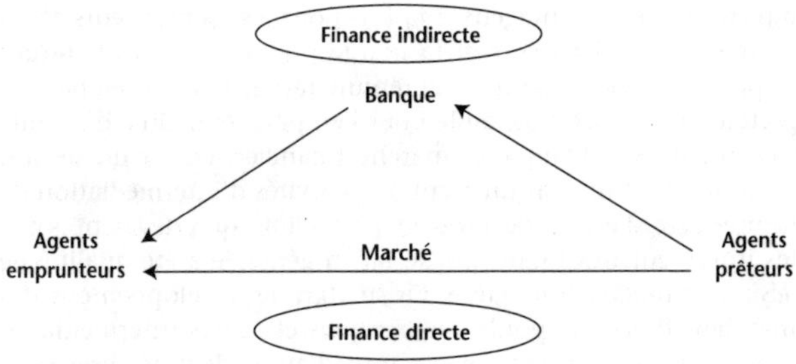

Lorsque le financement indirect domine dans une économie, on parle d'*économie d'endettement* ou encore d'*économie de financement intermédié*. Lorsque c'est au contraire le financement direct qui domine, on parle d'*économie de marché financier* ou encore d'*économie à financement désintermédié* [Gurley, Shaw, 1960 ; Hicks, 1974].

Rôle des banques

Si, dans ces deux cas de figure, le rôle des banques est prépondérant, celles-ci n'exercent pas le même type d'activité. Dans le cas d'une économie intermédiée, la monnaie est créée par les banques lors de la distribution de crédits aux agents emprunteurs, puis redistribuée par ces derniers aux autres agents (salaires...) qui la déposent à nouveau dans les banques. On dit dans ce cas que les prêts font les dépôts. La banque perçoit des intérêts (sur les prêts) et verse des intérêts (sur les dépôts). Elle exerce une activité de marge qui se calcule comme la différence entre les intérêts débiteurs (ceux prélevés sur les crédits) et les intérêts créditeurs (ceux versés sur les dépôts). Dans le cas d'une économie désintermédiée, la banque se contente de gérer le placement des titres pour le compte de ses clients et leur offre des garanties (activités de gestion de portefeuille et de patrimoine). Elle exerce une activité de commission ou de service.

Finance directe/finance indirecte : antinomie ou complémentarité ?

À première vue, on pourrait croire que le schéma de la finance directe est plus avantageux à la fois pour les emprunteurs et les prêteurs. Car, dans ce cas, la marge prélevée par les banques disparaît, laissant augurer une rémunération plus élevée pour le prêteur et un coût plus faible pour l'emprunteur. On a d'ailleurs souvent opposé banque et marché financier, l'essor du second devant se traduire par un recul des activités d'intermédiation de la première. Le rôle de plus en plus faible que devaient jouer les intermédiaires financiers de façon générale a été qualifié de *désintermédiation* financière. Or, malgré le développement des marchés directs, le poids des banques et autres intermédiaires dans le système financier est loin d'avoir décliné. Présumer d'une telle opposition entre banque et marché revient à négliger toutes les *imperfections* qui caractérisent les marchés financiers, marchés où ne s'échangent que des promesses sur l'avenir. Aux *coûts de transaction* qui peuvent parfois être très élevés pour des positions complexes s'ajoutent des *problèmes de confiance* entre acheteurs et vendeurs. En particulier, l'information dont disposent les prêteurs sur les emprunteurs est entachée de biais. Il est par conséquent difficile de se passer d'institutions (banques, intermédiaires financiers) mieux à même de remédier à toutes ces imperfections [Diamond, 1984]. Dans un contexte d'ouverture des économies et de compétitivité internationale, on peut supposer que le système le moins onéreux est celui vers lequel on devrait naturellement tendre. Mais, à l'aube du troisième millénaire, ce système combine toujours *marchés anonymes* et *relations étroites de clientèle*. Et la présence des banques et autres intermédiaires financiers sur les marchés n'a jamais été aussi forte. Ainsi, au schéma 1 présenté ci-dessus, il faudrait ajouter des flux allant du marché vers la banque et de la banque au marché. Autrement dit, les titres acquis par les agents à capacité de financement sont parfois émis par les banques elles-mêmes (certificats de dépôts, obligations...) ou par leurs réseaux de filiales spécialisées dans la gestion de portefeuille (Sicav, FCP...). Et certains des titres émis par les agents à besoin de financement sont directement détenus par les banques. Mais il est important de noter que le schéma de financement intermédié traditionnel implique une multiplication des relations créanciers/débiteurs de nature différente. La variété des contrats passés entre agents conduit à s'interroger sur les fonctions du système financier. En effet, un ménage qui dépose son épargne auprès de sa banque, épargne prêtée ensuite à une entreprise, ne possède pas de créance sur l'entreprise mais sur la banque seulement (créance matérialisée par son dépôt ou compte bancaire). C'est la banque qui détient dans ce cas une créance sur l'entreprise emprunteuse. Les deux types de créances n'ont pas les mêmes caractéristiques en termes de risque et de liquidité. Le dépôt bancaire du ménage est en théorie sûr et liquide. Le crédit accordé à l'entreprise est risqué et peu liquide pour la banque. Le risque est ainsi transféré à la banque qui rend de plus un service de liquidité au ménage. Bien entendu, les risques encourus doivent être couverts soit par la banque, soit par la collectivité dans son ensemble à travers un système d'assurance des dépôts. Cet exemple nous a fait découvrir quelques-unes des fonctions remplies par le système financier. Il en existe cependant d'autres.

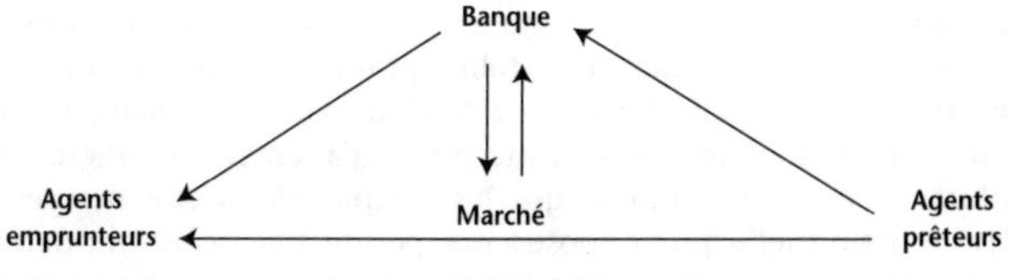

Les fonctions du système financier

Les fonctions remplies par les marchés financiers et, en particulier, les intermédiaires financiers ont énormément évolué au cours du temps. Marchés et institutions ne se sont pas toujours partagé les rôles de la même manière. De grandes différences subsistent encore d'un pays à l'autre pour des raisons tant historiques que culturelles, politiques et économiques. Les fonctions des institutions financières peuvent varier selon leur localisation géographique, mais elles ont aussi connu de fortes mutations à travers l'histoire. Ainsi, de nos jours, non seulement le Crédit Lyonnais, par exemple, n'a plus rien à voir avec ce qu'il était il y a cinquante ans, mais les banques allemandes sont difficilement comparables aux banques anglaises.

Systèmes financiers : place des marchés et des intermédiaires financiers
(en % du PIB)

	Crédit bancaire (encours) Au secteur privé non bancaire					Capitalisation boursière des marchés des actions				
	1985	1990	1995	2000	2004	1985	1990	1995	2000	2003
États-Unis	68	70	64	63	66	52	58	82	153	130
Japon	99	122	118	113	99	58	125	72	67	69
Allemagne	93	98	103	120	114	21	24	22	68	45
France	76	96	87	86	77	12	29	32	112	76
Royaume-Uni	47	116	116	133	160	62	86	119	184	137

Source : Perspectives économiques de l'OCDE, n° 67 et FIBV.

Pour analyser le système financier et son évolution à travers le temps, il convient, plutôt que d'étudier séparément les fonctions remplies par chaque composante du système financier, et qui sont soumises à des changements permanents, de les considérer dans leur globalité. Une telle optique est celle de la perspective fonctionnelle [Merton, 1995] qui part du principe qu'il est préférable de retenir comme point d'ancrage les fonctions plutôt que les institutions qui les remplissent. Cette perspective fonctionnelle qui s'oppose à une perspective institutionnelle s'appuie : 1) sur l'idée selon laquelle les fonctions financières sont plus stables que les institutions financières et diffèrent peu à travers le temps et l'espace ; 2) sur le principe selon lequel les formes institutionnelles se modifient pour mieux servir ces fonctions. Et l'efficience accrue des systèmes financiers est le résultat de l'innovation et de la concurrence entre institutions. Les fonctions du système financier que se répartissent marchés et institutions, et qui se redistribuent entre marché et institutions mais également entre les institutions elles-mêmes, sont classées par Merton en six catégories. Bien entendu, celles-ci découlent toutes du principe d'allocation efficace des ressources.

Transfert de ressources à travers le temps et l'espace

Un système financier offre les moyens de transférer des ressources économiques entre divers secteurs de l'activité mais également entre divers pays ou régions. Il permet aussi de déplacer ces ressources dans le temps. Car toutes les opérations financières traditionnelles (emprunt, prêt, placement...) consistent pour une partie au contrat (l'agent à capacité de financement) à la renonciation de ressources aujourd'hui en contrepartie de ressources dans l'avenir. De manière équivalente, l'agent à besoin de financement échange une ressource future contre une ressource présente. Ces échanges se révèlent utiles pour les deux catégories d'agents en évitant que des ressources demeurent inexploitées. Le système financier assure ainsi des transferts intertemporels sans lesquels nombre de projets ne pourraient voir le jour (acquisition d'un logement par un ménage, création d'une entreprise...). À cette dimension temporelle se rajoute une dimension géographique qui contribue à accroître l'efficience du système dans sa globalité. Ainsi, si l'on considère que dans certains pays (pays occidentaux) les ressources excèdent les besoins, il est toujours possible de les transférer vers des pays qui en éprouvent plus la nécessité (pays en développement ou économies dites en transition). Déplacer des ressources réelles, c'est-à-dire du capital physique (des machines par exemple), revient alors à investir dans des actions ou obligations émises dans ces pays, ou octroyer des prêts bancaires à des entreprises qui y sont installées. Des besoins qui excèdent les ressources disponibles au niveau national se traduisent par une rémunération plus élevée des investissements. Une mobilité géographique accrue du capital doit donc en théorie se révéler profitable pour tout le monde et accroître le bien-être général. Celle-ci engendre toutefois des coûts sociaux et une fragilisation du système qui seront analysés ultérieurement.

Moyens de paiement

Un système financier fournit les moyens de paiement facilitant les échanges de biens, de services et d'actifs. Pour que cette fonction soit remplie efficacement, il est nécessaire que les transactions entre agents se réalisent le plus rapidement possible et au moindre coût. Un système de paiement différencie une économie monétaire d'une économie de troc. L'existence à elle seule de la monnaie (c'est-à-dire d'un bien accepté par tous pour l'échange) ne garantit pas obligatoirement son efficacité pour tout utilisateur potentiel. Il est clair que les systèmes financiers ont largement évolué pour accroître l'efficacité du système de paiement. Des pièces ou lingots d'or que l'on devait transporter de lieu en lieu à la simple carte de paiement internationale, un grand pas a été franchi.

Transfert et gestion des risques

Si le système financier permet de transférer des ressources, sa fonction est également de déplacer les risques auxquels sont soumis les agents économiques. Le cas typique est naturellement celui des compagnies d'assurance qui sont des intermédiaires financiers spécialisés dans le transfert et la couverture des risques. Mais la gestion des risques n'est pas de leur seul ressort. À chaque flux financier d'un agent à l'autre ou d'une entité à l'autre est associé un transfert de risque. Lorsqu'un ménage dépose des fonds sur son compte bancaire, fonds prêtés ensuite à une entreprise, le risque de défaut (c'est-à-dire de non-remboursement de ceux-ci) est transféré du ménage à la banque. En cas de faillite de l'entreprise et à moins que celle-ci n'ait entraîné celle de la banque, le ménage ne subit aucune perte. En lui offrant la possibilité de détenir un dépôt à vue, la banque offre aussi une garantie de liquidité au ménage. Il s'agit bien là d'un transfert de risque dans la mesure où la banque est alors exposée à un risque de liquidité plus élevé qui peut se matérialiser en cas de retraits massifs de ses clients. Lorsqu'une entreprise s'adresse au marché financier en faisant appel à des nouveaux actionnaires (opération d'augmentation de capital), une partie de ses risques est transférée sur les acquéreurs d'actions nouvelles. Car, en cas de faillite, les actionnaires sont les premiers à absorber les pertes. Mais les créanciers de l'entreprise, c'est-à-dire ceux qui ont par exemple acheté des obligations émises par celle-ci, peuvent eux aussi subir des coûts si la valeur de l'entreprise est inférieure à ses fonds propres (fonds apportés par les actionnaires). Parce qu'ils détiennent des portefeuilles diversifiés, les fonds d'investissement (Sicav ou fonds communs de placement dans le cas français) offrent aux acheteurs de parts des placements moins risqués. Les exemples sont nombreux et il est important de noter que beaucoup de contrats financiers consistent à transférer des risques sans que des échanges de fonds n'y soient vraiment associés. C'est le cas des contrats d'assurance et aussi des contrats sur produits dérivés (*swap*, *futures*, options...).

Mise en commun de ressources et division des grands nombres

Un système financier est doté de dispositifs qui permettent de collecter les ressources nécessaires à la réalisation d'un projet non divisible de grande échelle. La plupart des projets nécessitent en effet un investissement qui dépasse les moyens dont disposent les individus considérés séparément. Les mécanismes à travers lesquels des fonds peuvent être réunis et agrégés sont variés. Cette fonction peut être remplie par les marchés ou les intermédiaires financiers. Il s'agit en fait d'assurer la rencontre entre un agent à besoin de financement et un nombre suffisant d'agents à capacité de financement. Mais le système financier rend aussi certains actifs accessibles au plus grand nombre en résolvant d'autres problèmes d'indivisibilité. Un fonds commun de placement monétaire (qui a pour vocation d'acquérir des titres du marché monétaire) va proposer des parts au public dont la valeur est inférieure à celle des titres détenus. Le détenteur d'une part se retrouve être le propriétaire d'une fraction de l'intégralité du portefeuille géré, c'est-à-dire de fractions des différents titres. En France, la valeur nominale d'un titre du marché monétaire est très élevée (1 million de francs minimum). Par conséquent, seule l'existence de tels intermédiaires financiers autorise une diffusion des titres auprès du plus grand nombre possible de ménages.

Production d'information

Le système financier véhicule de l'information nécessaire aux prises de décision des agents individuels. Il contribue en ce sens à améliorer l'allocation des ressources dans l'économie. Les taux d'intérêt affichés par le marché vont guider les entrepreneurs dans leur politique d'investissement et ils facilitent les décisions d'épargne des agents. Les cours boursiers de façon générale (des actions, des obligations...) incorporent de l'information sur l'avenir et constituent des indicateurs avancés de l'activité économique. Ils révèlent l'offre et la demande agrégées des agents économiques, et reflètent par conséquent leurs anticipations. L'information est également produite par les intermédiaires financiers. L'activité de prêt nécessite au préalable la connaissance de la qualité des emprunteurs potentiels. Une fois ces caractéristiques connues, elles sont à leur tour transmises au marché qui peut les renvoyer à l'ensemble des intervenants à l'aide de signaux. Ainsi, une entreprise qui bénéficie

Les Organismes de placements collectifs en valeurs mobilières (OPCVM)

Ils regroupent en France les Sicav (Sociétés d'investissement à capital variable) et les FCP (fonds commun de placement) qui ont tous les deux pour objet d'acquérir et de gérer des valeurs mobilières. Mais alors que les FCP ont le statut juridique de copropriété, les Sicav sont des sociétés anonymes. Leur capital varie au rythme des souscriptions, mais les parts ne sont pas cotées en Bourse. Leur valeur est déterminée en divisant la valeur boursière de leurs actifs par le nombre de parts souscrites.

Les OPCVM peuvent être différenciés selon le type de valeurs mobilières détenues (actions, obligations, titres de créance négociables...), selon l'origine géographique des émetteurs de titres (Sicav Asie, Japon, Amérique latine...) ou selon leur terme. On peut noter le cas particulier des Sicav indicielles dont l'actif est constitué de l'ensemble des titres composant un indice boursier et dans des proportions identiques à celles de l'indice. Leur objet est donc de reproduire le couple rendement-risque de l'indice. Elles ne doivent pas être confondues avec les nouveaux produits, apparus aux États-Unis depuis 1993 et en France depuis janvier 2001, les *trackers* ou ETF (*Exchange Trading Funds*). Ces derniers sont cotés en continu comme les actions et reproduisent en permanence le prix de l'indice de référence. Par exemple, le *tracker* sur CAC 40, Lyxor ETF CAC 40, vaut 45,56 euros lorsque l'indice CAC 40 est à 4 556 points.

de conditions d'emprunts avantageuses auprès de sa banque attirera l'attention des investisseurs sur les marchés et pourra émettre un emprunt obligataire à des taux d'intérêt plus faibles. Le développement des marchés dérivés contribue lui aussi à améliorer l'information disponible. Comme on le verra par la suite, les prix à terme contiennent de l'information sur les prix futurs anticipés par les agents qu'il est possible d'extraire. Marchés et intermédiaires financiers produisent de l'information, et les liens plus étroits mais aussi plus complexes qu'ils entretiennent désormais accroissent l'efficience en la rendant toutefois plus fragile. Car la complexité croissante masque parfois les positions véritables adoptées par les agents et notamment les institutions financières.

Résolution des problèmes d'incitation

Cette dernière fonction est primordiale car l'essence même des relations nouées sur le plan financier est de méconnaître à la base l'autre partie au contrat ou de mal appréhender ses intentions. Un système financier est donc doté de mécanismes qui traitent les problèmes d'incitation quand une partie à une transaction financière possède une information que l'autre ne dispose pas ou lorsqu'une partie est déléguée par l'autre pour la représenter. Ces problèmes sont étroitement liés à la fonction de transfert de risques remplie par les systèmes financiers. Parmi les problèmes d'incitation, les formes les plus caractéristiques que l'on retrouve dans les contrats financiers sont celles d'*aléa moral*, d'*antisélection* et de *principal-agent*. On se place alors dans un cadre d'analyse qui met l'accent sur des problèmes dits d'*asymétrie d'information* entre agents.

Les problèmes d'*aléa moral* se posent lorsqu'une des parties dans une transaction peut entreprendre des actions que l'autre partie ne peut ni contrôler ni imposer alors même que ces actions influent sur le résultat pour les deux parties. En d'autres termes, une partie au contrat dispose d'une information (en l'occurrence sur sa vraie nature) ignorée par l'autre (asymétrie d'information).

Les cas sont nombreux (voir encadré) et il faut reconnaître que la finance en est un domaine privilégié. Alors que les transactions sur biens et services se soldent en général par un transfert immédiat et certain entre les deux parties, un contrat financier ne comporte que la promesse d'un échange ou d'une action dans l'avenir.

Les cas d'*antisélection* constituent une autre catégorie de problèmes résultant d'asymétries d'information. Ceux-ci surviennent dès que la nature ou l'intention véritable d'une partie à un contrat est inconnue de l'autre avant sa conclusion. Ils constituent malheureusement des obstacles au développement de relations contractuelles productives, et tout particulièrement dans le domaine de la finance, qu'il convient de circonscrire. Les travaux désormais bien connus d'Akerlof [1970] ont ouvert la voie à des applications aux relations financières dont nul ne conteste le bien-fondé et l'intérêt. Elles améliorent notre compréhension de certains phénomènes et suggèrent des solutions simples à certains problèmes (voir encadré). Et on comprend ainsi pourquoi il existe une multitude de contrats aux caractéristiques très variées dans un système financier. La prolifération de formules diverses, parfois très complexes, répond dans tous les cas à un souci d'efficacité. Elle traduit aussi les difficultés rencontrées pour mettre en place un système idéal d'allocations intertemporelles des ressources.

Des problèmes d'incitation surviennent également lorsque certains agents économiques confient à d'autres certaines tâches à accomplir pour leur propre compte. On est alors en présence de conflits d'intérêt entre le *principal* qui a délégué certaines

Exemples de problèmes d'aléa moral et d'antisélection en finance

L'aléa moral

L'exemple le plus saillant de l'aléa moral est celui de l'assurance dommage. Le fait que sa voiture soit assurée peut conduire l'agent à prendre plus de risques ou être plus négligent.

L'entreprise qui a souscrit à une assurance incendie sera moins vigilante pour entreposer ses stocks et son incitation à engager des frais pour réduire les risques d'incendie sera moindre.

Dans certains cas extrêmes, le résultat est l'absence de contrats possibles entre agents. L'aléa moral se traduit de multiples façons dans les contrats financiers et il est intéressant de noter que ce type d'effet peut agir sans qu'il soit question de négligence volontaire de la part des individus ou de malhonnêteté flagrante. Considérons le cas d'un emprunt bancaire. L'asymétrie d'information provient en général du fait que l'emprunteur en quête de fonds est incité à exagérer les mérites de son projet ou sa capacité à honorer ses engagements. Toutefois, un entrepreneur qui sollicite un prêt auprès d'une banque pour financer une activité a, dans certaines circonstances, et pour des motifs différents, intérêt à ne pas divulguer la vraie nature de son projet. Communiquer par exemple les détails précis d'un projet novateur l'expose au risque de voir son invention exploitée par d'autres. Dans ce cas de figure, il y a rétention volontaire de l'information, l'objectif étant de conserver le secret sur un projet de crainte de voir une idée originale propagée, voire exploitée par l'autre partie.

D'autres exemples illustrent des modifications dans le comportement d'agents face à des situations données. Ainsi, les actionnaires d'une entreprise proche de la faillite sont incités à privilégier une activité fortement risquée (tenter le tout pour le tout) pour accroître la rentabilité espérée de leurs fonds investis dans celle-ci. Ce faisant, ils transfèrent les pertes éventuelles aux créanciers tout en s'accaparant

fonctions à un *agent* (analyse principal/agent ou dite de mandaté/mandataire). Ainsi, les actionnaires d'une entreprise (le principal) délèguent la gestion de celle-ci à une équipe dirigeante (l'agent). Un système financier efficace doit être en mesure de résoudre de tels problèmes qualifiés de conflits d'agence. Si les dirigeants d'une entreprise ne déploient pas suffisamment d'efforts pour accroître sa valeur, c'est-à-dire la part résiduelle revenant aux actionnaires et donc la richesse de ces derniers, des sanctions doivent être prises. Celles-ci peuvent être infligées par le marché sous la forme de menaces d'OPA (offre publique d'achat) (voir chapitre V). En effet, la faiblesse de la valeur des actions de la firme cotée attire des acheteurs potentiels (*raiders*) qui vont restructurer les activités de l'entreprise visée et évincer l'équipe dirigeante en place.

Ainsi, un système financier efficace doit être en mesure de régler les problèmes d'incitations (aléa moral, antisélection, principal/agent). Or les solutions à ceux-ci sont multiples et les systèmes financiers dans le monde n'adoptent pas toujours les pleinement les perspectives de profits en cas de réussite du projet risqué (principe de responsabilité limitée).

Face à une conjoncture difficile, un entrepreneur est peu encouragé à fournir les efforts nécessaires pour redresser son entreprise dans la mesure où une partie du risque est transférée à ses créanciers. En cas de dépôt de bilan, son banquier est là pour partager les pertes avec lui.

Antisélection

Considérons, par exemple, l'activité de crédit des banques. Ces dernières ne connaissent pas à l'avance les caractéristiques de leurs emprunteurs malgré tous les efforts déployés pour les évaluer (activité de *scoring*). Elles savent que certains sont de bons débiteurs tandis que d'autres n'honoreront certainement pas leurs engagements. Afficher des conditions d'emprunt prohibitives dissuadera les bons emprunteurs qui s'estiment lésés et attirera les mauvais emprunteurs. À l'inverse, des taux d'intérêt faibles vont capter les deux catégories de débiteurs sans toutefois que les banques ne puissent les dissocier. La solution passe par le recours à un *signal* facilement interprétable par les banques. En l'occurrence, la volonté de constituer un apport personnel d'un montant élevé pour l'achat d'un logement ou d'une entreprise révèle le sérieux du projet entrepris par l'emprunteur.

Un autre exemple est celui de l'assurance. Des primes estimées à partir de données moyennes relatives à une population d'assurés potentiels (espérance de vie, fréquence des accidents de voiture...) dissuadent les clients de bonne qualité et attirent les mauvais. Les compagnies d'assurances exigent donc des primes plus élevées pour rentrer dans leurs fonds, ce qui contribue à rétrécir le marché d'autant plus. En mettant en place des systèmes de primes assorties à des franchises différenciées, les assureurs obligent en quelque sorte les clients à dévoiler leur véritable nature. Un conducteur prudent choisira par exemple un contrat à prime faible assortie d'une franchise élevée alors qu'un mauvais conducteur sélectionnera une formule à prime élevée et une franchise faible.

mêmes moyens pour réduire les inefficiences. Dans le système allemand, par exemple, afin de réduire les coûts de surveillance des firmes emprunteuses, les banques sont présentes dans les conseils d'administration. Ce droit de regard qu'elles s'octroient passe par des prises de participation directe dans le capital de leurs firmes clientes. Cela implique qu'elles détiennent des actions émises par ces dernières. Dans le système américain, les entreprises ont traditionnellement plus largement recours au marché qu'aux banques pour leur financement. Les équipes dirigeantes sont de fait étroitement surveillées par les opérateurs. Les décisions sont donc fortement exposées à la sanction du marché qui exerce de par là même la discipline nécessaire.

Un système financier efficace doit aussi remplir les autres fonctions évoquées ci-dessus en évitant les gaspillages et dysfonctionnements qui constituent un frein à l'activité économique dans son ensemble. Or, depuis le début des années 1980, les systèmes financiers ont connu de fortes mutations dont il est important d'étudier les raisons et les conséquences.

IV / L'essor des Bourses de valeurs et la concurrence des places financières

Déréglementation financière, innovations financières, désintermédiation financière, marchéisation, mobiliérisation, fragilisation financière ne sont que quelques-uns des termes employés pour traduire les modifications du paysage financier. Ces phénomènes, apparus au milieu des années 1970 aux États-Unis, se sont propagés à l'ensemble des pays industrialisés par la suite. Les changements observés ont surpris tant par leur ampleur que leur rapidité. Ils ont également engendré une plus grande complexité à laquelle les acteurs financiers sont désormais confrontés. De nouveaux produits et instruments financiers sont apparus, et on assiste désormais à la prolifération de ceux-ci, un nouvel instrument ou produit en appelant un autre. Vraisemblablement, le contexte actuel présente des avantages qui se mesurent par une plus grande efficacité permettant aux différents acteurs (emprunteurs et prêteurs) de satisfaire leurs besoins à un coût plus faible. Les batailles que se livrent les places financières pour s'attirer émetteurs et investisseurs sont là pour en témoigner.

Face à cette évolution, on est amené à s'interroger sur les causes et les conséquences d'une telle situation. Quel est l'objectif recherché à travers ces modifications ? Est-ce là le résultat d'une démarche volontariste ou les États ont-ils été contraints de se plier à de nouvelles logiques face à l'internationalisation de l'économie et la nécessité d'une compétitivité accrue ? Quels sont alors les problèmes posés par ce nouvel environnement ?

Quelques concepts clés

Déréglementation financière : apparue dans les systèmes financiers anglo-saxons à la fin des années 1970, elle s'est propagée dans les autres pays dans les années 1980. Elle se traduit par la disparition de règles imposées aux marchés et aux intermédiaires financiers, et par conséquent par une concurrence accrue.

Désintermédiation financière : traduit le recul des banques et autres intermédiaires financiers dans le financement de l'économie, avec l'essor des marchés financiers.

Intermédiation de bilan : elle fait référence au financement indirect de l'économie par recours aux crédits bancaires. Dans ce cas, une créance figurant au passif d'une banque (un dépôt par exemple) est transformée en une autre créance figurant à l'actif de cette même banque (un crédit).

Intermédiation de marché : activité qui consiste à réunir acheteurs et vendeurs de titres sans que ces titres ne soient transformés par l'intermédiaire. Elle s'assimile à une activité de négoce.

Réintermédiation : traduit le fait que les banques et autres intermédiaires financiers occupent une place prépondérante dans les systèmes financiers malgré l'essor des marchés financiers.

Innovations financières : produits financiers dont la création a permis d'instituer un vaste marché des capitaux unifié (disparition des cloisons entre les différents compartiments) accessible à tous les agents économiques.

Marchéisation : traduit la disparition des prix (taux d'intérêt) administrés, la détermination des conditions de rémunération de l'épargne obéissant à des conditions de marché. Cette marchéisation a surtout affecté les bilans bancaires à la fois pour les ressources et les emplois.

Mobiliérisation : traduit la part croissante des titres négociables dans le financement de l'économie qui s'explique par des modifications dans les comportements financiers des ménages.

Titrisation : processus qui permet de transformer des créances non négociables (les crédits) en titres négociables sur le marché. Dans la pratique, un fonds commun de créances acquiert un portefeuille diversifié de crédits dont la valeur est divisée en parts proposées au public. Les porteurs de parts ne peuvent en demander le remboursement mais ils peuvent les vendre sur le marché.

Fragilisation financière : traduit la vulnérabilité croissante des systèmes financiers et leur exposition plus élevée au risque de crise financière avec le processus de déréglementation et de libéralisation qui s'est ensuivi.

Réglementation prudentielle : elle impose aux banques le respect de certaines règles de prudence dans le but de les prémunir contre un risque de faillite trop élevé. Cette réglementation a été renforcée depuis le début des années 1990 en réaction à des épisodes de crises et faillites bancaires aigus susceptibles de compromettre la stabilité du système financier dans son ensemble.

Mutations des marchés boursiers

L'évolution des marchés traditionnels de cotation

Le marché des actions a connu, dans toutes les grandes économies de l'OCDE, une forte expansion. Cette expansion résulte toutefois davantage d'effets de valorisation que d'une progression des émissions de capital bien que certaines Bourses comme celle de Paris aient aussi bénéficié de la privatisation de grandes entreprises (AGF, France Télécom, Air France, Aérospatiale, Crédit Lyonnais...). Au total, la capitalisation boursière des actions cotées sur Euronext a progressé de 500 % entre décembre 1990 et décembre 2004. Au niveau mondial, le marché américain (NYSE et NASDAQ réunis) pèse maintenant plus de la moitié de la capitalisation mondiale, à comparer aux quelque 16 % des marchés de la zone euro. En même temps, Tokyo connaissait une véritable descente aux enfers et ne capitalise dorénavant pas plus que le seul Nasdaq.

Capitalisation boursière des actions nationales
(Cote officielle et marchés parallèles en fin d'année ; en parts de marché*)

	1990	1995	2000	2004	2004**
NYSE	32,10	37,80	41,37	40,50	12 708
Tokyo SE	34,92	23,70	11,32	11,34	3 558
Nasdaq	3,71	7,75	12,90	11,26	3 533
London SE	10,14	9,00	9,37	9,13	2 865
Euronext***	4,83	6,06	8,15	7,78	2 441
Deutsche Börse	4,24	3,86	4,56	3,81	1 195
BME Spanish Exchanges	1,33	1,01	1,81	3,00	941
Hong Kong Exchanges	0,99	2,03	2,24	2,75	861
Swiss Exchange	1,88	2,66	2,84	2,63	826
Borsa Italia	1,77	1,40	2,76	2,52	790
Autralian SE	1,29	1,63	1,34	2,47	776
JSE South Africa	1,63	1,85	0,47	1,41	443
Taiwan SE Corp,	1,18	1,25	0,89	1,41	441

* En % des différentes places du tableau.
** En milliards de dollars.
*** Amsterdam, Bruxelles, Lisbonne et Paris.

Source : FIBV.

Volume de transactions sur actions
(domestiques et étrangères ; en milliards de dollars)

		1990	1995	2000	2004
New York (NYSE)	TSV*	1 325	3 083	11 060	11 618
Nasdaq	REV**	452	2 398	19 799	8 767
London SE	REV	543	1 153	4 559	5 169
Tokyo SE	TSV	1 288	884	2 316	3 218
Euronext	REV				2 472
Paris	TSV	121	213		
	REV			1 065	
Amsterdam	REV	41	124	679	
Deutsche Börse	REV	509	594	2 120	1 541
Taiwan SE Corp,	TSV	411	389	986	719
Hong Kong Exchanges	TSV	35	96	377	439
JSE South Africa	TSV	10	17	77	161

* TSV (*Trading System Value*) : ne sont prises en compte que les transactions enregistrées par le système central de négociation.
** REV (*Regulatory Environment View*) : tout intermédiaire, dès lors qu'il intervient dans une transaction, déclare celle-ci à ses autorités.

Source : FIBV.

Capitalisation boursière des obligations
(en parts de marché*)

	1991	1995	2000	2001	2001**
Luxembourg	17,50	16,88	27,47	34,27	4 152
Tokyo SE	17,21	20,48	22,18	23,42	2 839
NYSE	33,02	28,58	18,49	13,64	1 654
London SE	8,88	10,38	12,39	11,62	1 408
Euronext***	13,28	15,03	10,75	8,95	1 085
Milan	10,12	8,65	8,72	8,09	981

* En % des différentes places du tableau.
** En milliards de dollars.
*** Amsterdam, Bruxelles, Lisbonne et Paris.

Source : FIBV.

Traditionnellement, la capitalisation obligataire comparée à la capitalisation actions dans les pays d'Europe continentale était très supérieure à celle des pays anglo-saxons. Mais, du fait d'un moindre effet valorisation et des politiques de réduction progressive de la dette publique, le poids relatif du marché obligataire ne cesse de diminuer sur l'ensemble des places financières, à l'exception notable de celle de Tokyo.

Poids de la capitalisation obligataire dans la capitalisation totale
(actions + obligations ; en %)

	Début des années 1990	Début des années 2000
New York	42	15
Londres	41	37
Tokyo	28	50
Euronext	69	35
Milan	81	60

Source : FIBV.

Volume de transactions sur obligations
(nationales + étrangères ; en milliards de dollars)

		1990	1995	2000	2004
Luxembourg	TSV	1	1	1	1
Tokyo SE	TSV	394	219	32	7
NYSE	TSV	1	7	2	1
London SE	REV	1 020	1 316	1 206	2 793
Euronext	REV			232	
Euronext-Paris	TSV	602	1 140	45	
Milan	TSV		4 217		
	REV			141	188

Source : FIBV.

Par ailleurs, la création de l'euro a défini un nouvel espace financier unifié qui modifie fondamentalement la structure du marché obligataire mondial. La capitalisation boursière de l'Euroland représente en 2004 plus de la moitié de la capitalisation mondiale. En particulier, le marché de la dette privée (*corporate debt*) a littéralement explosé et maintenant les émissions privées en euros excèdent celles en dollars.

L'essor des produits dérivés financiers

Quant au marché des produits dérivés qui s'est fortement développé à partir des années 1980, il est largement dominé par le marché américain. Mais sa suprématie s'atténue progressivement depuis les créations successives de marchés à terme en Europe. Assurant à lui seul les trois quarts des transactions mondiales au début des années 1990, il en représente environ la moitié fin 2004. En Europe, l'Euronext.Liffe issue du rachat du

Liffe londonien par Euronext reste en position leader malgré une montée rapide en puissance d'Eurex (Francfort et Zurich), et la mise en place de l'euro n'a fait que renforcer la concurrence entre les différentes places européennes dans la mesure où les produits dérivés de taux et de change ont perdu leur spécificité nationale.

Marchés dérivés organisés :
montant des contrats (en valeur notionnelle)
(en milliards de dollars)

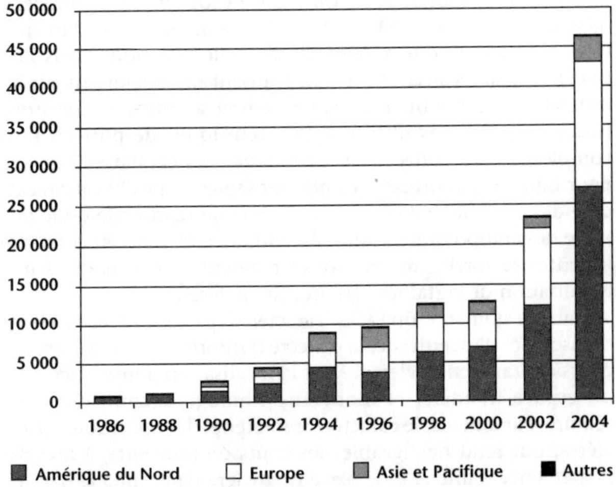

Source : graphique des auteurs à partir de Banque des règlements internationaux (2005).

La concurrence des places financières

Les forts bouleversements qu'ont connus les marchés financiers à la fin du XXe siècle se sont déroulés dans un contexte de concurrence accrue à l'échelle internationale entre les différentes places nationales. Parallèlement aux mutations ayant trait à la création de nouveaux produits financiers, la recherche d'une plus grande efficacité passe par une plus ou moins forte concentration des activités financières au sein d'espaces donnés. Les enjeux des « guerres » que se livrent les différentes places sont énormes aux yeux des pouvoirs publics car la concentration des activités est synonyme d'un pouvoir qui leur échappe de plus en plus. En particulier, le mouvement accéléré de recomposition des places européennes dans le cadre de l'Union pose de grands défis aux acteurs financiers. Pour les appréhender, il est nécessaire de clarifier au préalable le concept de place financière et d'en mesurer les contours.

Bourses et places financières

Une place financière est un espace économique homogène (généralement une ville) où se concentre un ensemble d'institutions financières qui nouent de multiples relations, sans lien direct avec la localisation, et qui réalisent des opérations sur les différents marchés financiers primaires et secondaires. Ces institutions financières utilisent des techniques de plus en plus complexes pour collecter et redistribuer des capitaux ainsi que pour traiter les informations indispensables à une allocation efficace des capitaux collectés. Une Bourse ne représente donc que l'une des composantes d'une place financière, mais en constitue le centre de gravité, rendu certes largement abstrait par la dématérialisation de certaines activités financières.

Dans le domaine financier caractérisé par des niveaux élevés de risque et d'incertitude, la collecte d'information engendre des coûts de transaction élevés. Mais la localisation d'une place dans un espace financier et monétaire homogène contribue à les réduire. Par ailleurs, le caractère immatériel des opérations financières, qui rend négligeables les coûts de transferts, a favorisé l'émergence d'une grande place financière dans chaque pays (la place de Paris représente à elle seule plus de 95 % de la capitalisation boursière française, celle de Francfort, plus de 80 % de la capitalisation boursière allemande...).

Dans un contexte d'internationalisation croissante des économies et de développement rapide des nouvelles technologies, les différentes places financières nationales sont entrées en concurrence et la question actuelle est : « Quelle(s) place(s) financière(s) peut (peuvent) s'imposer ? » Cette question se pose bien évidemment à l'échelle mondiale, mais elle est encore plus urgente en Europe. Chacun en a pris conscience, comme en témoigne par exemple la création en 1993 de Paris Europlace, une organisation représentative de la place financière de Paris qui regroupe aujourd'hui 150 membres (entreprises cotées, sociétés de gestion, banques, investisseurs institutionnels...) et dont l'objectif est de promouvoir la place de Paris face à la concurrence des centres financiers internationaux.

La levée progressive des barrières à la concentration

D'un point de vue théorique, les mouvements de concentration reposent sur des effets de taille et sont freinés par la présence de barrières classiques à la concentration ainsi que par une augmentation des coûts de transport liés à un plus grand éloignement des intervenants. Ainsi, le regroupement d'institutions financières sur un espace accroît sa liquidité et les possibilités de diversification et d'arbitrage, et est permis par la réduction de multiples barrières et des coûts de transport.

— Les *barrières réglementaires et fiscales* ont longtemps contribué à définir la structure géographique du paysage financier international. Mais l'adoption, au cours des années 1990, de normes réglementaires internationales limite largement désormais toute possibilité de concurrence réglementaire. En revanche, des disparités fiscales, au sein de l'Europe par exemple, tant sur l'épargne que sur les revenus et les entreprises demeurent et sont susceptibles d'orienter la localisation des institutions financières.

— Les *barrières informationnelles* jouent aussi un rôle important. L'augmentation de la distance peut contribuer à brouiller l'information perçue et accorderait, de ce fait, un avantage informationnel aux investisseurs locaux. Cependant, d'une part, les progrès réalisés dans les moyens de traitement et de communication de l'information et, d'autre part, les évolutions récentes en matière de communication financière et de contrôle des entreprises (gouvernement d'entreprises) ainsi que la généralisation des politiques de notation par les agences de *rating* ne peuvent que réduire cet avantage.

— L'*hétérogénéité des produits* ou la différenciation des produits peut expliquer l'existence de différents marchés cloisonnés. Mais, d'une manière générale, l'ouverture des marchés financiers et le renforcement de la concurrence sont des facteurs d'uniformisation des pratiques et des produits financiers. Au niveau européen, la Directive sur les services d'investissement (DSI), entrée en vigueur début 1996, permet à toute entreprise d'investissement d'exercer librement dans l'Union européenne, soit par l'intermédiaire de succursales implantées dans d'autres pays membres, soit au moyen de la libre prestation de services à partir du pays d'origine. Elle a d'ores et déjà renforcé la concurrence entre les entreprises financières et favorise ainsi l'uniformisation des pratiques et produits financiers.

Les enjeux

Selon le rapport du Conseil économique et social de mai 2000, les activités financières, bancaires et d'assurance en France produisent 4,4 % du PIB (contre 6,3 % au Royaume-Uni et 5,1 % en Allemagne) et représentent 3,1 % de l'emploi total, soit 660 000 emplois directs (contre 4,3 % au Royaume-Uni et 5,2 % en Allemagne), soit davantage que l'industrie agricole et alimentaire, et près de trois fois plus que l'industrie automobile. Elles constituent 30 % des exportations de services. Le poids de l'industrie financière dans l'économie française est loin d'être négligeable mais demeure inférieur à celui des grandes économies européennes. Toutefois, les enjeux d'une place financière ne se résument pas à sa seule contribution directe en termes d'activité économique et d'emploi. Elle est aussi une source de dynamisme de l'économie nationale tout entière qui garantit la croissance et l'emploi.

Une place financière efficace est un facteur de compétitivité pour l'économie nationale. Elle permet, d'une part, de mobiliser une épargne rémunérée en fonction de son risque et, d'autre part, d'assurer des financements diversifiés aux entreprises, grandes ou petites, publiques ou privées, et de concevoir les opérations de fusion-acquisition indispensables pour garantir la compétitivité des entreprises dans un monde économique en restructuration permanente.

Une place financière efficace est aussi un facteur d'attractivité important d'implantation des sièges sociaux d'entreprises qui disposent ainsi à proximité d'interlocuteurs financiers compétents. Elle génère de ce fait un ensemble d'activités à forte valeur ajoutée économique.

Une place financière est avant tout animée par des acteurs qui exercent les multiples métiers de la finance, et qui contribuent, à différents niveaux, à mettre en relation les émetteurs de valeurs mobilières et les investisseurs particuliers et institutionnels. Pour la seule région Île-de-France, la sphère bancaire et financière fournit 8 % de l'emploi, soit 267 000 emplois directs. Sur ce total, 70 000 sont directement liés à la place de Paris. Il s'agit d'emplois à haute valeur ajoutée, volatils et à forte attractivité sur d'autres talents. Ils ne sont pas tous délocalisables, mais les emplois à haute valeur ajoutée sont les plus mobiles et leur délocalisation aurait des effets induits importants sur d'autres métiers (Conseil économique et social, mai 2000).

La construction de l'Europe financière

Les mouvements de concentration ont débuté au plan national. Par exemple, en France, on compte six places régionales, mais depuis 1991 un système de cotation unique a été mis en place de sorte que les Bourses régionales ne disposent plus d'autonomie en termes d'activités techniques et n'assurent plus que des activités d'ingénierie financière (opérations de fusions-acquisitions, introductions...). Il en fut de même au niveau des institutions de marché avec le rapprochement de la Société de Bourse française, du MATIF et du MONEP.

En 2000, l'Union européenne disposait de 32 Bourses de valeurs et de 26 marchés de produits dérivés avec 3 places financières dominantes (Londres, Paris et Francfort). Mais la création de l'Union monétaire et la construction continue d'un marché intégré des services financiers en Europe ainsi que le développement des nouvelles technologies de l'information et de la communication ont renforcé, depuis la fin des années 1990, la concurrence entre ces différentes places financières. Dans ce contexte, des restructurations semblent inéluctables. Mais le mouvement de concentration qui se dessine ne conduira probablement pas pour autant à une place unique en Europe. Il s'oriente plutôt vers la définition d'une carte multipolaire où chacun des pôles défendra sa spécificité et son identité propre en mettant constamment en avant sa capacité à innover pour répondre à temps à la demande.

En Europe, la préférence de la quasi-totalité des acteurs boursiers penche pourtant pour un marché paneuropéen. Mais, si la disparition des marchés nationaux strictement compartimentés au profit de places transnationales semble inéluctable, les enjeux de cette mutation sont tels que le choix en matière de regroupement est loin de faire l'unanimité. Depuis une dizaine d'années, les projets foisonnent. Ils vont de la création d'un marché classique à la création d'un marché électronique. Leur couverture est plus ou moins large (du projet d'alliance des huit Bourses européennes — Londres, Francfort, Paris, Amsterdam, Bruxelles, Madrid, Milan et Zurich — au projet de rapprochement des grandes places). Leurs ambitions sont aussi différentes (du rapprochement à la fusion totale).

L'idée d'un marché financier européen est née avec les valeurs de croissance mais sa place illustre parfaitement les difficultés rencontrées pour construire un véritable marché paneuropéen. En effet, au milieu des années 1990, deux projets concurrents de marchés européens dédiés aux valeurs de croissance s'affrontent. Un premier, soutenu par l'association européenne de courtiers en valeurs mobilières (EASD, European Association of Securities Dealers), propose la création d'un marché avec des modalités d'organisation des transactions proches de celles du NASDAQ (en particulier avec un système de tenue de marché). Un second, défendu notamment par la France, préfère la création de marchés de valeurs de croissance dans plusieurs pays pour les regrouper ensuite en réseau. Aucune entente ne put être trouvée et ces deux projets ont donné naissance à deux marchés européens des capitaux distincts pour les valeurs entrepreneuriales : l'EASDAQS (European Association of Securities Dealers Automated Quotations System) installé à Bruxelles et ouvert à tous les opérateurs accrédités et agréés selon la Directive européenne d'investissement, et l'EuroNM, auquel ont adhéré les marchés de valeurs de croissance de Paris, Bruxelles, Francfort, Amsterdam et Milan. L'Europe dispose donc actuellement de deux systèmes de marché de valeurs de croissance en concurrence : l'EASDAQS, qui fonctionne en totale autonomie par rapport aux différentes Bourses nationales et sans véritable autorité de contrôle, et l'EuroNM, un réseau où chacun des marchés membres reste étroitement lié à la Bourse de valeurs de son pays.

En ce qui concerne les marchés traditionnels, parmi les multiples projets proposés, un a été réalisé fin 2000 qui tend à confirmer que l'Europe ne se dirige pas vers une grande place financière unique mais plutôt vers un ensemble de places se répartissant les activités en adoptant une stratégie de spécialisation. Ainsi, le 22 septembre 2000, pour la première fois au monde, trois sociétés de Bourse de trois pays différents, les sociétés Paris Bourse, Brussels Exchange (BXS) et Amsterdam Exchange (AEX), ont fusionné pour fonder Euronext, une société transnationale de droit néerlandais. En 2002, Euronext s'est élargie en fusionnant avec la Bourse de valeurs de Lisbonne et en acquérant le Liffe (Bourse de produits dérivés basée à Londres). À l'échelle européenne, l'Euronext devient à sa création la première Bourse en termes de transactions d'actions domestiques mais est toujours devancée par Londres en termes de capitalisation et de nombre d'entreprises cotées.

Euronext est le premier marché offrant aux utilisateurs de marché une solution complètement intégrée à l'échelle européenne tant pour la négociation, la compensation que pour le règlement livraison. Les sociétés restent cotées sur leur Bourse d'origine et la réglementation de marché continue à être celle des Bourses d'origine. Mais tous les titres sont négociés sur une seule plate-forme de négociation (dirigée par les ordres et fondée sur le système français NSC). Ainsi, les investisseurs auront accès simultanément aux différents marchés.

Par ailleurs, Euronext propose une nouvelle segmentation du compartiment actions, non plus fondée sur des critères réglementaires qui distinguaient jusqu'en 2005 premier, second et nouveau marchés, mais qui retient une approche investisseurs distinguant le compartiment valeurs traditionnelles (le *M-Prime*) des valeurs technologiques (*Next Economy*).

L'importance d'Euronext en Europe

Fin 2004	Londres	Euronext	Francfort	Milan	Zurich	Madrid
Capitalisation boursière*	2 865	2 441	1 195	790	826	941
Nombre d'entreprises cotées	2 837	1 333	819	278	409	3 223

* En milliards de dollars.

Toutefois, et même si d'autres Bourses européennes rejoignent l'Euronext, les différents rapprochements et projets européens apparaissent peu ambitieux au regard du marché américain et surtout du projet de création d'une Bourse mondiale, le Global Equity Market (GEM). Les places de New York, Tokyo, Hong-Kong, Toronto, Sydney, São Paulo et Mexico se sont engagées à créer un *marché mondial d'actions*. La capitalisation boursière de ce marché représenterait alors environ 60 % de la capitalisation boursière mondiale et les investisseurs auraient accès à ce marché global *via* leur propre Bourse nationale.

V / La Bourse et les entreprises

Qui dirige véritablement l'entreprise dès lors que celle-ci fait l'objet d'une cotation en Bourse ? La transformation de l'actionnariat depuis le début des années 1990 aux États-Unis, phénomène qui s'est propagé ensuite aux autres économies, a relancé le débat sur la question du pouvoir et de son contrôle dans l'entreprise. En France en particulier, l'onde de choc fut brutale tant la structure actionnariale des grands groupes de type technocratique semblait solidement ancrée.

Comment a évolué l'actionnariat en France ? Les grandes entreprises françaises sont-elles en passe d'être contrôlées par les investisseurs étrangers ? Le pouvoir au sein des entreprises est-il en train de revenir aux actionnaires ? Le capitalisme français va-t-il prendre exemple sur le modèle anglo-saxon ?

La spécificité de l'actionnariat en France

La structure de l'actionnariat (à savoir le degré de concentration et la répartition du capital entre les différents investisseurs) est importante car les actionnaires sont censés influer sur les stratégies adoptées par les firmes à court et long termes. Un actionnariat concentré sera en effet plus susceptible d'infléchir, voire de définir les orientations des dirigeants qu'un actionnariat diffus enclin à des problèmes de coordination des actions individuelles. Par ailleurs, la structure de l'actionnariat conditionne la liquidité et le dynamisme du marché boursier. Elle est aussi déterminante dans les phases de restructurations industrielles qui passent par des transferts massifs de capitaux et de droits de vote.

Qui détient les actions des entreprises ?

La structure de l'actionnariat des entreprises diffère entre les économies d'Europe continentale et japonaise d'une part et les économies anglo-saxonnes, Royaume-Uni et États-Unis, d'autre part.

D'une manière générale, en Europe continentale et au Japon, le capital est contrôlé par un petit nombre d'actionnaires, voire par un actionnaire unique, alors que, dans les pays anglo-saxons, l'actionnariat est diffus. En France, des estimations réalisées [Kremp, 1998] sur un large échantillon d'entreprises (28 000) font apparaître que le premier actionnaire de chaque société détient en moyenne deux tiers du capital. Cette part s'élève encore à plus de 50 % lorsque l'on réduit l'échantillon à 680 entreprises cotées et à plus de 25 % en ne considérant que les entreprises du CAC 40.

En ce qui concerne la répartition du capital, la France se distingue nettement des autres pays, y compris de l'Allemagne et du Japon. L'analyse de la répartition du capital d'un échantillon étendu d'entreprises par type d'investisseurs fait ressortir trois caractéristiques : l'importance du capital à caractère familial (plus de la moitié), l'importance de la part détenue par les entreprises non financières (près de 35 %) et la faiblesse de la part détenue par les investisseurs institutionnels (moins de 5 %), et notamment des banques. Dans les quatre autres pays du G5, le poids des investisseurs institutionnels dans le capital des entreprises est beaucoup plus important (les banques en Allemagne, les banques et les compagnies d'assurance au Japon et les fonds de pension aux États-Unis) et le poids des entreprises non financières est beaucoup plus faible. Cette dernière caractéristique traduit l'importance des participations croisées et circulaires entre entreprises en France.

Si l'on ne considère que les entreprises cotées, le poids des investisseurs institutionnels nationaux aux côtés des ménages et des sociétés non financières devient plus important. Mais la répartition du capital entre les différents investisseurs connaît une évolution significative depuis le milieu des années 1990. Au début des années 1980, les ménages et les sociétés non financières détenaient ensemble près de 70 % des actions françaises cotées mais en détiennent moins de 20 % à la fin du siècle.

La place des investissements de portefeuille des non-résidents, en constante augmentation au détriment de celles des ménages et des sociétés non financières, est devenue prépondérante. Ce

Détention des actions françaises cotées par secteurs
(en % du total)

	1983	1990	1994	1998	2004
Ménages	45,2	34	31,4	11,4	8,9
Sociétés non financières	23,2	23,9	23,3	15,6	19,4
Autres agents non financiers	1,3	0,9	1,0	10,8	4,6
Investisseurs institutionnels	26	20,7	21,1	25,9	29,2
Non-résidents	4,3	23,9	24,1	36,3	37,9

Source : Bulletins de la Banque de France.

degré élevé d'ouverture du marché financier sur l'étranger caractérise les places européennes continentales, celles de Grande-Bretagne et des États-Unis restant fortement dominées par les fonds de pension nationaux. Ces investissements de portefeuille des non-résidents sont en très grande majorité réalisés par des investisseurs institutionnels étrangers. Aussi, en France, les investisseurs institutionnels (français et étrangers) sont propriétaires de plus de 60 % du capital des sociétés cotées. La France a donc connu comme tous les pays, que ce soit *via* les fonds de pension ou les FCP (fonds communs de placements) et les compagnies d'assurance-vie, un phénomène d'institutionnalisation de l'épargne. C'est la raison pour laquelle on peut désormais parler de capitalisme institutionnel français.

La faiblesse du capitalisme populaire

En épargnant plus de 10 % de leur revenu disponible au début des années 2000, les ménages français se situent en bonne place dans les comparaisons internationales. Cette épargne s'oriente soit vers des actifs corporels (terres, immobilier, or...), soit vers des actifs financiers (placements liquides et valeurs mobilières). Les placements non financiers ont eu pendant très longtemps la préférence des Français, mais actuellement patrimoine non financier et patrimoine financier se partagent équitablement.

Globalement, la détention par les ménages d'actifs cotés en Bourse et de produits financiers en général est nettement plus développée dans les économies anglo-saxonnes. Au milieu des années 1990, le patrimoine financier des ménages représentait plus de trois fois le revenu disponible des ménages aux États-Unis et au Royaume-Uni. Sur la même période, il représente, par exemple, moins de deux fois le revenu des ménages en

Épargne nette et patrimoine financier net*
(en % du revenu disponible des ménages)

		1985	1990	1995	2000	2003
Allemagne	Taux d'épargne	12,1	13,9	11,2	9,7	10,7
	Patrimoine financier net	173	131	136	162	241
	Dont actions	*13*	*12*	*43*	*75*	*62*
États-Unis	Taux d'épargne	9,2	7	4,6	2,3	1,4
	Patrimoine financier net	252	263	310	369	302
	Dont actions	*48*	*52*	*97*	*147*	*111*
France	Taux d'épargne	8,9	7,8	11,2	10,9	11,1
	Patrimoine financier net	98	131	185	28	241
	Dont actions	*43*	*87*	*85*	*156*	*110*
Japon	Taux d'épargne	16,5	13,9	11,9	9,5	7,4
	Patrimoine financier net	165	247	262	343	369
	Dont actions	*30*	*49*	*40*	*41*	*52*
Royaume-Uni	Taux d'épargne	9,8	8	10	5	5,8
	Patrimoine financier net	179	212	284	370	269
	Dont actions	*27*	*57*	*76*	*109*	*67*

* C'est-à-dire actifs financiers détenus moins les dettes contractées.
NB : il s'agit ici des taux d'épargne nets (hors consommation de capital fixe).

Source : Perspectives économiques de l'OCDE, juin 2005.

France et en Allemagne. Malgré une progression significative de l'épargne financière en France, on constate donc toujours un retard d'accumulation d'actifs financiers en comparaison des autres pays du G5 (à l'exception de l'Allemagne). En particulier, le taux de détention de valeurs mobilières est resté relativement stable. Un ménage sur quatre environ en détient.

En revanche, la structure du patrimoine financier des ménages en France a connu une nette évolution sur les deux dernières décennies. Après avoir privilégié les produits de taux (obligations et Sicav monétaires), leur préférence va maintenant vers les actions. Cet arbitrage s'explique à la fois par la baisse significative depuis le milieu des années 1990 des taux d'intérêt et l'attrait des rendements élevés des produits actions (avant la forte chute du cours des actions au début des années 2000, le CAC avait gagné plus de 220 % entre janvier 1996 et décembre 2000) mais aussi par la mise en place de mesures fiscales incitatives (notamment loi Monory en 1978, loi Delors en 1983, les plans d'épargne en actions (PEA) en 1992, contrats

Taux de détention de valeurs mobilières par les ménages
(en %)

	PEA*	Obligations	Sicav et FCP	Actions	Ensemble des valeurs mobilières
1986		9,0	13,0	7,3	19,0
1992		6,3	17,3	8,5	24,0
1998	9,4	5,3	10,8	13,2	22,6
2004	15	2,0	10,4	16,3	24,6

* Plan d'épargne en actions.

Source : INSEE, *Enquêtes Patrimoine*, 1998 et 2004.

DSK en 1998...) et par les différents programmes de privatisation proposés depuis 1986 qui ont reçu un accueil très favorable du public, la moitié des actionnaires individuels ne possédant que des actions d'entreprises privatisées. Les actions cotées sont détenues directement ou indirectement par l'intermédiaire de gestionnaires de portefeuille que sont les OPCVM (Sicav et FCP).

La Bourse s'est donc « démocratisée » depuis le début des années 1990 mais le krach boursier de 1987 a stoppé la progression du nombre de porteurs directs ou indirects d'actions. On compte fin 2004 environ 6,7 millions d'actionnaires de sociétés cotées dont la moitié est réputée être inactive. Souscrivant des titres à l'occasion des opérations de privatisation, la plupart ne les cèdent qu'à l'occasion d'un événement exceptionnel.

Évolution du nombre d'actionnaires individuels en France
(en millions)

1982	1987	1992	1997	2000	2003	2004
1,7	6,2	3,7	5,2	5,6	7,2	6,7

Source : SBF.

Alors que la majeure partie des actions cotées est la propriété des investisseurs financiers institutionnels dans les systèmes financiers anglo-saxons, ce sont les entreprises non financières qui détenaient jusqu'à une date très récente majoritairement les titres de propriété en France et dans une moindre mesure en Allemagne. Cette caractéristique traduit, en particulier pour la

L'actionnariat salarié

L'actionnariat salarié s'est développé en France lors de la privatisation d'entreprises publiques mais reste encore faible (fin 2002, environ 2 millions de salariés détenaient 2 % de la capitalisation boursière en France, soit 4,6 % du capital des entreprises du CAC 40). Il occupe toutefois, depuis la disparition des GAS (groupes d'actionnaires stables mis en place lors des privatisations) et pour de nombreuses sociétés, la première place dans le capital et est considéré comme une arme anti-OPA hostiles essentielle. La distribution d'actions aux salariés est aussi et avant tout un moyen de faire converger l'intérêt du salarié (et plus particulièrement l'intérêt du salarié-dirigeant) vers celui de l'actionnaire.

Pour devenir actionnaire de son entreprise, le salarié a deux possibilités. La première est d'acheter personnellement des actions de son entreprise. Dans ce cas, la participation du salarié est volontaire et traduit une certaine confiance dans son entreprise et en particulier dans son équipe dirigeante. Il est donc en fait un actionnaire individuel, il peut revendre son titre à tout moment et exercer son droit de vote. La seconde est de bénéficier d'un plan d'épargne entreprise (PEE), d'un plan d'épargne interentreprises (PEI), d'un plan partenarial d'épargne salariale volontaire (PPESV) et/ou d'un plan de distribution de *stock-options*. Ces plans, mis en place à l'instigation de l'entreprise ou par accord collectif, permettent aux salariés d'une entreprise de recueillir l'intéressement et la participation aux résultats de l'entreprise, et de bénéficier de l'aide de leur employeur (l'abondement) pour se constituer un patrimoine financier avec des avantages fiscaux (pas d'imposition sur les revenus et les plus-values) à la condition toutefois d'immobiliser son épargne, sauf cas particuliers, au moins cinq ans pour les PEE et les PEI, et au moins dix ans pour les PPESV. Ces différentes dispositions sont définies par la loi sur l'épargne salariale qui vise à mieux orienter l'épargne vers la production des entreprises, répartir de façon plus équitable les gains de la croissance et permettre aux salariés d'envisager des projets individuels dans un cadre collectif. Une *stock-option* est un droit attribué à un salarié (la liste des bénéficiaire est fixée par l'entreprise et, généralement, seuls les cadres sont concernés) d'acheter une action de sa société, à un prix (inférieur à leur valeur) et sur une période donnés. Le salarié ne bénéficie d'une plus-value (égale à la différence entre le cours de l'action sur le marché et le cours d'achat fixé au moment de l'attribution de l'*option*) que si le cours de l'action monte. Ces plus-values réalisées lors de l'acquisition puis lors de la cession des actions sont imposables. Les *stock-options* possèdent donc une valeur incitative essentielle et sont devenues une composante incontournable de la politique de motivation des salariés mise en œuvre par les sociétés. La quasi-totalité des sociétés du CAC 40 distribue maintenant des *stock-options*.

France, l'importance des participations croisées entre grandes entreprises. Ce constat doit cependant être nuancé sur la période plus récente par la montée en puissance des investisseurs étrangers qui détenaient fin 2004 près de 40 % des actions françaises cotées.

La montée en puissance des fonds de pension et de la gestion collective

Les investisseurs institutionnels, en particulier les organismes de placements collectifs (OPC), ont connu un essor sans précédent au cours de la décennie 1990. Le recul des intermédiaires financiers traditionnels tels que les banques avec la désintermédiation des années 1980 a favorisé l'essor des autres catégories telles que les OPCVM en France ou les *mutual funds* aux États-Unis. Pour les définir de façon très générale, ces établissements sont assimilables à des gestionnaires de portefeuille qui offrent des parts au public. Ainsi, plutôt que de détenir des titres en direct sur leur marché, les agents économiques et les ménages en particulier ont la possibilité d'en confier la gestion à des professionnels mandatés à cet effet. Ils le font en se portant acquéreurs de parts représentatives de fractions de portefeuilles plus ou moins liquides et risqués correspondant au mieux à leur profil d'investissement.

La valeur des actifs détenus par les investisseurs institutionnels dans le monde était de l'ordre de 36 000 milliards de dollars en 2000, dont plus de la moitié appartient à des institutionnels américains. Cette catégorie d'investisseurs est dominée aux États-Unis par les fonds de pension qui ont pour fonction de gérer l'épargne des individus en vue du financement de leur retraite. Ces organismes canalisaient en 2000 deux tiers des fonds collectés par les investisseurs institutionnels. À l'échelle mondiale, les fonds de pension bien moins répandus dans les autres pays détenaient environ le tiers du portefeuille d'actifs financiers de l'ensemble des investisseurs institutionnels.

À la différence des investisseurs institutionnels européens qui détiennent essentiellement des valeurs à forte liquidité et faible risque (obligations à taux variables, titres du marché monétaire...), les actions sont fortement représentées dans les portefeuilles de leurs homologues anglo-saxons. Cette différence quant à la nature des actifs détenus tient au comportement plus prudent des épargnants européens où la culture boursière est moins forte. À l'opposé, l'attrait plus élevé pour les placements

Les investisseurs institutionnels : répartition des portefeuilles d'actifs financiers
(en %)*

Année 2000	E-U	Japon	All.	R.-Uni	France	Autres	Total
Fonds de pension	66	8	1	11	-	15	29
Comp. d'assurance	34	23	6	12	8	16	32
Comp. d'investissement	56	4	6	4	7	22	32
Total – en milliards de dollars	19 522	4 367	1 507	3 018	1 737	5 846	35 998
– en %	54	12	4	8	5	16	100

* *Lecture* : les fonds de pension japonais détenaient 8 % des actifs financiers détenus par les fonds de pension recensés par l'OCDE (28 pays). La valeur des actifs financiers détenus par les fonds de pension correspondait à 29 % de la valeur des actifs financiers. Les investisseurs institutionnels japonais détenaient 12 % de tous les actifs financiers.

Source : OCDE Statistical databases, calculs des auteurs.

risqués des épargnants américains se traduit non seulement par des volumes élevés d'actions acquises par les investisseurs institutionnels mais aussi par une concurrence acharnée de ces derniers, contraints d'afficher périodiquement des performances élevées. La stratégie de diversification des investisseurs institutionnels anglo-saxons les a conduits à investir leurs ressources sur les places financières étrangères. Plus ou moins présents selon les pays d'accueil, leur pénétration est relativement forte en France où l'épargne n'est pas déjà mobilisée par des fonds de retraites nationaux. Cette pénétration a contribué à accélérer les transformations qu'a connues le capitalisme français.

Des nouvelles règles de gestion imposées aux entreprises

Les investisseurs institutionnels et en particulier les fonds de pension anglo-saxons jouent désormais un rôle actif dans la finance à l'échelle internationale. Non seulement leurs interventions sur les marchés conditionnent fortement l'évolution des cours (l'arrivée de ces nouveaux investisseurs explique en grande partie la fulgurante ascension de la Bourse de Paris et des autres places européennes depuis le milieu des années 1990), mais elles sont aussi un puissant vecteur pour influer sur la politique générale des entreprises cotées dans la mesure où ces investisseurs mènent une politique très active en tant qu'actionnaires. En d'autres termes, ils imposent progressivement une autre approche des relations entre sociétés cotées et actionnaires. Cette nouvelle approche ne fait que reproduire les principes anglo-saxons et maintenant internationaux, et semble incontournable si l'on veut être présent sur des marchés financiers globalisés. Elle repose sur trois piliers : un gouvernement d'entreprise actif, une politique de communication financière régulière et précise, et une acceptation du principe prioritaire de création de valeur pour l'actionnaire.

Le gouvernement d'entreprise

Le poids occupé par les investisseurs institutionnels dans le capital des entreprises a contraint ces dernières à modifier leurs normes de gestion et leurs objectifs en termes de maximisation des profits. Dès lors que les dirigeants réalisent des performances jugées anormalement faibles par les actionnaires, des procédures de sanctions sont mises en place par ces derniers. Car si les actionnaires étaient peu sensibles aux résultats affichés par les firmes dans l'environnement économique fortement réglementé des Trente Glorieuses, la chasse aux gaspillages suscitée par l'accroissement de la concurrence à partir des années 1970 les a poussés à exercer une discipline plus sévère sur les dirigeants. Aux États-Unis, la réaction des firmes s'est tout d'abord traduite par des opérations de rachat des entreprises les plus vulnérables ou de celles considérées comme les moins bien gérées. Les dirigeants se sont en particulier lancés dans des opérations d'OPA hostiles. Financées par emprunts, notamment par émissions de titres à haut risque (*junk bonds*), les sociétés rachetées étaient immédiatement cédées par morceaux afin de réaliser des plus-values destinées à gonfler les résultats affichés par les entreprises prédatrices. Stratégies peu soutenables à long terme, celles-ci ont immanquablement conduit les actionnaires à imposer plus sévèrement leurs exigences en révoquant parfois les équipes dirigeantes. Tout particulièrement, les fonds de pension soucieux de maximiser la performance de leurs placements pour le compte de leurs clients influent de plus en plus sur les comportements stratégiques des firmes. Très représentatif de l'évolution constatée dans les rapports entre actionnaires et dirigeants, ce mouvement a contribué à réamorcer la question du gouvernement d'entreprise tout d'abord aux États-Unis puis, avec l'internationalisation des investissements des institutionnels américains, à l'échelle internationale. Il s'agit de savoir comment plus responsabiliser et mieux contrôler les dirigeants non actionnaires des entreprises afin qu'ils décident davantage dans l'intérêt des actionnaires.

Le concept de gouvernement d'entreprise (*corporate governance*) définit l'ensemble des procédures qui gouvernent le fonctionnement et le contrôle des entreprises. Il détermine les interrelations qui existent entre les différents acteurs et, en particulier, les dirigeants, les administrateurs et les actionnaires de toutes grandes sociétés. Les pouvoirs respectifs sont certes définis par la loi mais il est clair que la réalité des pouvoirs de chacun évolue davantage avec les changements d'attitude des différents acteurs qu'avec les aménagements du cadre juridique.

La question du gouvernement d'entreprise est soulignée avec les publications des rapports de l'American Law Institute (*Principles of Corporate Governance*) en 1982 aux États-Unis, Cadbury en 1992 en Grande-Bretagne et plus récemment en France avec la publication des rapports Viénot (1995 et 1999), Marini (1996) et Bouton (2002) qui ont fait un certain nombre de constats et de recommandations quant à la représentation et au respect des droits des actionnaires, petits ou grands. La structure actionnariale résultant des vagues successives de nationalisations et de privatisations a favorisé la nomination de conseils d'administration dans les grandes sociétés jugés inefficaces notamment à cause d'un absentéisme élevé, d'une pratique récurrente du cumul de mandats, du manque d'indépendance des administrateurs et d'un surpouvoir de fait des présidents.

Plusieurs résultats tangibles ont d'ores et déjà été obtenus : 1) de plus en plus de grandes sociétés distinguent maintenant les fonctions de président du conseil d'administration (CA) des fonctions de directeur général ; 2) le recours à des administrateurs indépendants commence à se généraliser dans les CA ; 3) le cumul des mandats s'est considérablement réduit même s'il demeure encore courant ; 4) la présence de comités d'audit dans les CA se généralise et ainsi les bénéfices privés que les dirigeants retirent de leur gestion sont mieux contrôlés et les erreurs de gestion sont plus rapidement dénoncées et sanctionnées, et 5) d'une manière générale, l'objectif de maximisation de la valeur de l'entreprise redevient prioritaire.

Mais malgré ces avancées très nettes, l'image des sociétés françaises en termes de gouvernement d'entreprise reste encore négative.

La politique de communication financière

La communication financière fut longtemps négligée par les entreprises françaises. Mais, depuis l'arrivée des investisseurs anglo-saxons dans leur capital, elle a pris pour elles un caractère stratégique. L'événement Alcatel de la mi-septembre 1998 en a convaincu la totalité des managers. Pour avoir averti les investisseurs de perspectives de résultats opérationnels pour 1998 en deçà des prévisions (7 milliards de francs au lieu de 9 prévus), Alcatel a vu son cours en Bourse chuter de 38 % en une seule séance. Cette violente sanction s'explique par le fait que le capital était détenu par des investisseurs institutionnels à 90 % et de surcroît à 50 % américains (le fonds d'investissement américain Fidelity, qui détenait à lui seul 10 % du capital en début d'année, n'en détenait plus que 4,8 % fin septembre), et que la direction d'Alcatel n'a pas pris soin de lancer suffisamment tôt des signaux d'alerte (*profit warning*).

Afin d'éviter de telles déconvenues, bon nombre de directions d'entreprise reprennent depuis les habitudes anglo-saxonnes. Tout d'abord, elles publient des états financiers trimestriels précis avec chiffre d'affaires, résultats, commandes... (alors que la réglementation française des marchés financiers ne les y contraint pas). Ensuite, elles participent aux tournées de présentation (*roadshows*) de la situation de leur entreprise devant les grands investisseurs institutionnels internationaux ainsi qu'aux conversations téléphoniques régulières (*conference calls*) avec un parterre d'analystes financiers. La transparence est le maître mot en matière de communication.

La création de valeur pour l'actionnaire

Les entreprises sont désormais de plus en plus jugées sur leur capacité à valoriser à court ou moyen terme l'investissement réalisé par les actionnaires. La seule progression des bénéfices d'une entreprise ne suffit plus à attirer les investisseurs. Sans délaisser le critère traditionnel du bénéfice par action par exemple, les actionnaires s'assurent maintenant que les entreprises dans lesquelles ils investissent créent de la valeur, c'est-à-dire que la rentabilité de leurs projets est supérieure au coût des capitaux engagés, que ceux-ci représentent des dettes ou des capitaux propres. La différence essentielle avec les analyses en simples termes de profit est que le résultat opérationnel doit être non seulement positif mais aussi suffisamment positif pour

Les restructurations de capital des entreprises cotées

Pour s'adapter au marché dans une économie mondialisée (rechercher une taille critique, conquérir de nouveaux marchés, acquérir de nouvelles techniques et un savoir-faire, se diversifier...), certaines entreprises doivent réaliser des opérations sur capital (fusions, acquisitions, prises de contrôle...) sur d'autres sociétés. En 2004, le montant des opérations en Europe s'est élevé à près de 700 milliards de dollars, représentant près du tiers du marché mondial (*Les Échos*, 5 janvier 2005).

Ces opérations sont plus aisées et plus rapides si le capital des entreprises est ouvert. Pour acheter en totalité ou en partie les actions nécessaires pour contrôler une entreprise, une société peut recourir à des offres publiques d'acquisition de ses titres. Si l'entreprise cible n'est pas cotée, son évaluation exige une longue expertise complexe et coûteuse. Mais si elle est cotée sur un marché financier, elle est en permanence évaluée. L'acquéreur potentiel peut alors proposer de racheter les actions de l'entreprise cible à ceux qui les détiennent en leur proposant un prix supérieur à celui du marché.

L'offre publique d'acquisition peut être lancée après négociations entre les deux parties (OPA amicale) ou sans un accord préalable de l'entreprise cible (OPA hostile ou inamicale). Parce que bon nombre sont inamicales et émanent de prédateurs qui ont pour principal objectif de réaliser une plus-value à court terme en revendant par morceaux l'entreprise acquise, ces offres publiques présentent aux yeux du public une image négative. Mais elles restent généralement favorables, au moins à court terme, aux actionnaires de la société cible, l'attrait stratégique du contrôle motivant le versement d'une prime de contrôle par le prédateur (un effet de dilution fait que le résultat est moins systématique pour les actionnaires de la société prédatrice), et, à plus long terme, pour l'ensemble des actionnaires car elles les protègent contre les abus de pouvoir des dirigeants. Par ailleurs, elles traitent de façon analogue petits et gros actionnaires, et donc contribuent à renforcer l'équité et la transparence du marché.

Une offre publique d'acquisition peut prendre la forme soit d'une *offre publique d'achat* (OPA), soit d'une *offre publique d'échange* (OPE). Dans le cas d'une OPA, une société annonce publiquement au marché qu'elle offre, pendant une période définie, d'acheter avec paiement en espèces toutes les actions d'une société donnée (la société cible) à un prix fixé toujours supérieur au cours de Bourse. Dans le cas d'une OPE, au lieu de proposer une somme d'argent pour acquérir les titres, l'initiateur de l'OPE propose un échange des actions de la société cible avec ses propres actions (ou des obligations convertibles) avec une parité d'échange fixée. D'une façon générale, le choix du mode de règlement dépend avant tout de la situation financière initiale (disponibilité en trésorerie, niveau d'endettement...) de la société initiatrice et du niveau de risque de l'opération. Toutefois, l'OPE est souvent le mode retenu dans le cadre d'une fusion. Mais, compte tenu de la taille et de la valorisation de certaines sociétés cibles, le paiement cash est impossible et les acquisitions se font aussi de plus en plus par échange de titres.

Les sociétés sous-évaluées et/ou dont le flottant est élevé sont plus exposées au risque d'OPA.

Le gouvernement d'entreprise dans la théorie économique

La question du gouvernement d'entreprise est débattue depuis longtemps chez les économistes. Déjà A. Smith s'interrogeait sur le sérieux et le dévouement avec lesquels des directeurs de compagnie allaient exploiter des fonds qui ne leur appartenaient pas. En 1932, A. Bearle et G. Means ont attribué à l'autonomie grandissante des dirigeants, les actionnaires devenant de moins en moins informés sur la situation effective des entreprises, une part de responsabilité importante dans la grande crise de 1929.

D'un point de vue analytique, le débat fut freiné en 1958 avec la publication du théorème de Modigliani-Miller qui montre, certes dans un cadre simplifié d'hypothèses, que la valeur d'une firme est indépendante de sa structure financière (du ratio financement par endettement/financement par actions). Et ce n'est en fait que récemment, avec la mise en évidence de problèmes d'agence inhérents à la séparation entre propriété et direction des grandes sociétés, que le débat théorique fut relancé. En effet, si le mandat de la direction est de décider et d'agir conformément aux intérêts des actionnaires, elle bénéficie toutefois d'une meilleure information (sur les perspectives des marchés, sur le risque relatif aux différents projets qu'elle entreprend...) qu'elle peut exploiter pour satisfaire ses propres objectifs au détriment de ceux des actionnaires.

La littérature économique souligne trois sources principales de divergence : 1) Les dirigeants maximisent leur propre utilité. Ainsi, ils s'accordent divers avantages en nature et privilégient les investissements qui favorisent leur notoriété et les revenus non pécuniaires. 2) Les dirigeants préfèrent les investissements moins risqués et donc moins rémunérateurs *a priori* afin de préserver leur poste. 3) Dans la mesure où leur présence dans l'entreprise est limitée dans le temps, les dirigeants privilégient les investissements rentables à court terme.

Ces divergences d'intérêt et l'asymétrie d'information entre les dirigeants et les actionnaires ne peuvent alors être traitées qu'en définissant un ensemble de contrats complets (c'est-à-dire envisageant toutes les contingences possibles) qui protégeraient les actionnaires contre les erreurs et abus de toute sorte de la direction. Mais, dans la pratique, la négociation de tels contrats complets entre dirigeants et actionnaires entraîne des coûts de transactions tels que seuls des contrats incomplets sont envisageables. Pour traiter les problèmes d'agence restants, des modalités particulières de gouvernement d'entreprise sont alors nécessaires. Ainsi, deux grands modes de contrôle et d'incitation sont généralement distingués : le contrôle interne, exercé par les actionnaires et le conseil d'administration de la société, et le contrôle externe, exercé par le marché financier. Le premier mode est réputé prévaloir au Japon et en Allemagne, et le second aux États-Unis. La France se rapprocherait progressivement sur la période récente du second.

Chacun des modes de contrôle et d'incitation présente ses faiblesses. Sans souci d'exhaustivité, on peut relever que :

— la sanction par le marché d'une mauvaise gestion peut se manifester de deux façons : baisse du cours du titre de la société concernée et/ou lancement d'une OPA sur la société par un prédateur. Si le marché est efficient, le cours du titre traduit la performance de l'entreprise. Aussi, en cas de mauvaise performance, les investisseurs vendent leurs titres (phénomène connu sous la terminologie anglo-saxonne de *Wall Street Walk*). La baisse du cours du titre qui en résulte constitue alors un signal qui incite les actionnaires à mieux contrôler les dirigeants, voire à les évincer. Cependant, la possibilité de racheter les actions de leur propre société (phénomène de relution) est un moyen pour les dirigeants de brouiller le signal du marché et de détourner l'attention des actionnaires. L'OPA constitue aussi une sanction pour l'équipe dirigeante de la société cible dans la mesure où généralement elle se traduit par son éviction. Aussi, la menace permanente d'une OPA l'incite à mieux gérer l'entreprise. Toutefois, elle dispose de toute une panoplie de dispositifs anti-acquisition (de *poison pills*) — droits de vote double, titres sans droit de vote, participations croisées, augmentations de capital sans droit prioritaire de souscription pendant les périodes d'OPA... — qu'elle peut utiliser pour éviter la sanction du marché ;

— lorsque l'actionnariat est diffus, un problème de passager clandestin se pose. Un actionnaire individuel n'est pas incité à exercer une véritable activité de contrôle dans la mesure où celle-ci est coûteuse et où les gains qu'elle engendrerait seraient partagés entre l'ensemble des actionnaires. Un actionnariat plus concentré serait donc plus incité à remplir sa fonction de contrôle mais à la condition toutefois qu'il soit stable, c'est-à-dire qu'il envisage sa participation au moins sur le moyen terme et donc qu'il accepte une moindre liquidité de ses titres ;

— l'inefficacité des conseils d'administration est souvent dénoncée. Aux États-Unis, elle fut reconnue sur les années 1990 où les importantes liquidités dont disposaient les entreprises ne furent pas utilisées dans l'intérêt premier des actionnaires. La sanction fut alors exercée par le marché financier avec la vague des OPA hostiles lancées à cette époque qui ont évincé les dirigeants des entreprises mal gérées. En France, compte tenu de l'importance des participations croisées, les administrateurs des plus grandes entreprises se retrouvent dans plusieurs conseils d'administration. Au-delà du temps qu'exige l'exercice d'un contrôle efficace, la pratique des mandats multiples pose un problème d'indépendance des administrateurs : un P.-D.G. d'une société X et membre du conseil d'une société Y n'est pas enclin à se désolidariser du P.-D.G. de la société Y qui est aussi membre du conseil de la société X.

Les investisseurs institutionnels français se sont peu préoccupés jusqu'à présent de la question du gouvernement d'entreprise. En revanche, les fonds de pension en sont devenus les principaux acteurs. Ils exercent des pressions constantes pour responsabiliser les administrateurs, nommer des administrateurs externes, mettre en place des comités d'audit, contrôler la rémunération des dirigeants, et pour rechercher la transparence au travers des informations publiées, sans pour autant vouloir intervenir directement dans la gestion des entreprises. Leur capacité de négociation est directement liée à leur pouvoir déstabilisateur des marchés financiers.

Indicateurs de création de valeur

Deux types indicateurs permettent de mesurer la création de valeur d'une entreprise, ceux qui sont fondés sur la performance boursière de l'entreprise, le TSR (*Total Shareholder Return*) ou la MVA (*Market Value Added*), et ceux qui évaluent la performance économique interne de l'entreprise, le ROI (*Return On Investment*) ou l'EVA (*Economic Value Added*).

— Le *TSR* ou *RTA* (rentabilité totale pour l'actionnaire). Cet indicateur proposé par le Boston Consulting Group, mesure ce qu'une entreprise cotée a fait gagner en termes d'augmentation du cours en Bourse et de dividendes bruts versés à ses actionnaires sur une période donnée. Cet indicateur a l'avantage sur les autres de la simplicité et répond à une question essentielle pour tout actionnaire : si, à une date donnée, j'avais investi 100 euros dans un titre et depuis avais réinvesti tous les dividendes qu'il m'a fournis, quel serait le rendement moyen annuel de mon placement ?

— La *MVA* ou *VAB* (valeur ajoutée boursière). Cet indicateur compare la capitalisation boursière d'une entreprise à son actif net de dette, c'est-à-dire en fait à ses fonds propres consolidés. Il y a création de valeur lorsque le cours en Bourse augmente plus rapidement que l'actif net par action. Dans le cas contraire, il y a destruction de valeur par l'entreprise.

— Le *ROI* ou *RCI* (ratio de rentabilité des capitaux investis). Cet indicateur rapporte le profit après paiement des intérêts et des impôts aux capitaux propres. Il s'agit d'un indicateur de rentabilité financière du point de vue de l'actionnaire.

— L'*EVA* ou *VAE* (valeur ajoutée économique). Il s'agit du résultat économique après rémunération de l'ensemble des capitaux investis (dettes et fonds propres) dans l'entreprise. Cet indicateur correspond donc à la différence entre les revenus nets d'impôts tirés de l'exploitation et le coût de l'ensemble des ressources financières affectées à cette exploitation. Le coût de la dette est évalué par les frais financiers payés par l'entreprise alors que le coût des fonds propres correspond au taux des emprunts d'État (sans risque) plus une prime de risque rémunérant l'actionnaire du risque qu'il accepte en achetant une action de l'entreprise. Il y a alors création de valeur lorsque la rentabilité économique est supérieure au coût des capitaux investis.

Ces différents indicateurs sont en général liés : une entreprise ne peut pas créer durablement de la valeur boursière sans créer de la valeur économique, et inversement. En théorie, la MVA n'est autre que la somme des valeurs actualisées des EVA futures.

Le rachat d'actions

L'offre publique de rachat d'actions (OPRA) est une opération par laquelle une entreprise propose à ses actionnaires de racheter une partie de leurs actions contre un paiement cash. L'entreprise utilise donc sa trésorerie pour racheter ses propres actions. Financièrement, le rachat d'actions est une alternative à la distribution de dividendes et consiste à redistribuer le surplus de liquidité sous forme de plus-values. Cette technique de rachat de ses propres actions peut être préférée à une distribution de dividendes exceptionnels dans la mesure où la distribution de dividendes peut envoyer un signal au marché et créer une attente pour les années suivantes.

Le rachat d'actions n'a aucune incidence sur le résultat d'exploitation de l'entreprise. Son bénéfice net, toutes choses égales par ailleurs, diminue (du fait de la diminution des liquidités utilisées pour le rachat) mais le bénéfice par action doit augmenter du fait de la réduction du nombre d'actions en circulation. C'est le contraire de l'effet de dilution.

Le rachat d'actions crée de la valeur pour l'actionnaire dès que les liquidités utilisées pour le financer ont un taux de rendement inférieur au taux de rentabilité économique de l'entreprise.

Par ailleurs, le rachat d'actions permet le nombre d'actions disponibles et permet ainsi d'accroître le pourcentage de contrôle des actionnaires qui ne répondent pas à l'offre. Il y a ici un avantage évident par rapport à une stratégie classique de distribution de dividendes pour utiliser la trésorerie.

Mais, au-delà des effets strictement financiers, l'OPRA fournit des signaux au marché. En particulier, elle signale que l'entreprise ne dispose pas de projets suffisamment rentables et donc que sa croissance est hypothéquée.

Aux États-Unis, les opérations de rachats d'actions (les *share buy-backs*) se sont multipliées depuis le début des années quatre-vingt-dix. En revanche, dans la plupart des pays européens, et notamment en France et en Allemagne, elles sont restées plus faibles. En France, elles n'ont véritablement été lancées que depuis l'aménagement du cadre juridique qui les réglemente (loi DDOEF du 2 juillet 1998). Si jusqu'alors les rachats d'actions propres n'étaient permis que dans des cas exceptionnels, les assemblées générales peuvent désormais autoriser les conseils d'administration des entreprises à racheter jusqu'à 10 % de leur capital sur le marché, quels qu'en soient les motifs et pour une durée de dix-huit mois à partir de la date de l'assemblée.

rémunérer les actionnaires au taux qu'ils attendent de leur investissement.

Le principal indicateur de management au service de la création de valeur est l'EVA (*economic value added*). Il mesure le revenu économique net de toute affectation (impôts et rémunération des capitaux investis). Cette méthode EVA est à la fois un outil d'évaluation globale d'une entreprise et un outil de mesure de performance de ses différentes activités. Elle est ainsi devenue un indicateur central de la communication financière au marché mais aussi un instrument central de la politique financière de l'entreprise.

Si l'entreprise ne crée pas suffisamment de valeur, elle doit procéder à des restructurations engendrant des gains de productivité suffisants pour permettre le retour attendu sur investissement des actionnaires. Aussi, dans la mesure où les gains de productivité sont obtenus par des réductions de la masse salariale, le risque économique est de fait transféré des actionnaires vers les salariés.

La création de valeur est aussi devenue un critère de décision des choix de projets — tout projet qui ne crée pas de valeur ne peut être retenu — et un critère d'utilisation des liquidités libres de l'entreprise : si l'entreprise ne dispose pas de projet d'investissement créateur de valeur pour l'actionnaire, elle est conduite à procéder à des rachats de ses propres actions.

VI / La Bourse et l'activité économique

On oppose souvent l'évolution des marchés financiers à celle de l'économie réelle. Le fort développement des marchés boursiers se manifeste par une accélération du nombre d'introductions en Bourse et par un accroissement très net des volumes de transactions (montants de titres échangés). Mais, depuis le début des années 1980, on assiste aussi à une forte progression de la valeur des actions cotées sur la quasi-totalité des marchés mondiaux. Pour certains, le développement de la sphère financière est sans commune mesure avec l'évolution de l'économie réelle. Et les gains réalisés sur les marchés financiers paraissent disproportionnés au regard de la création véritable de richesse mesurée par la croissance économique. Pourtant, les marchés financiers contribuent au financement de l'économie en facilitant la rencontre entre agents. Sans eux, la réalisation d'investissements productifs connaîtrait un frein et la croissance économique serait sans doute plus faible. Quels sont donc les liens qui existent entre les marchés boursiers et l'évolution de la conjoncture économique ? Pourquoi les marchés réagissent-ils parfois avec autant de violence à la moindre rumeur concernant l'évolution de l'inflation ou du chômage ? Peut-on prévoir l'évolution de l'activité économique à l'aide des marchés financiers ? Existe-t-il une connexion entre cycle financier et cycle de l'activité ? Telles sont les questions auxquelles nous tentons de répondre dans le cadre de ce chapitre.

La Bourse et le rôle des anticipations

Il s'agit pour commencer de s'interroger sur les facteurs qui agissent sur le cours des actions. Car, sans la connaissance de ceux-ci, il est difficile de comprendre pourquoi le comportement des marchés boursiers est parfois si brutal. Il faudra ensuite analyser dans quelle mesure l'évolution des cours boursiers peut servir pour prévoir l'évolution de l'activité économique.

Les déterminants des cours boursiers

Un élément fondamental pour comprendre la Bourse est le rôle clé joué par les anticipations des agents économiques. Car, à la différence d'autres marchés, les marchés boursiers ne réagissent pas aux événements présents mais plutôt à ce qui a le plus de chances de se produire dans l'avenir.

Les résultats futurs des entreprises. — Ainsi, le cours d'une action d'une société donnée peut s'accroître de plus de 10 % en quelques heures non pas parce que ses bénéfices courants ont progressé mais parce qu'un contrat qu'elle va probablement signer lui permettra peut-être de doubler son chiffre d'affaires dans les années à venir. Par conséquent, à la moindre information favorable à une société cotée, les investisseurs vont se porter acquéreur de titres contribuant ainsi à faire monter les cours. De façon équivalente, il arrive souvent qu'un résultat économique favorable ne se traduise par aucun mouvement de cours car celui-ci avait déjà été anticipé par le marché. Le marché boursier est avant tout un marché qui regarde vers l'avant (*forward looking*), délaissant derrière lui le passé mais négligeant aussi le présent. Car, pour les opérateurs sur les marchés, il importe avant tout de prévoir les événements futurs avant les autres. C'est une condition nécessaire pour leur assurer une activité rentable garantissant leur pérennité sur le marché.

Le taux d'intérêt. — La performance future des entreprises constitue, certes, un facteur déterminant de la valorisation des actions. Mais se projeter dans l'avenir implique qu'on soit disposé à renoncer à des ressources disponibles dans le présent. À ce premier facteur, il faut donc rajouter le taux d'intérêt qui représente le prix ou la rémunération qu'exigent les agents économiques pour accepter de différer dans le temps la consommation de leurs ressources. Le taux d'intérêt est donc le taux d'actualisation qui reflète cette *préférence pour le présent* des agents économiques. On comprend alors que toute hausse anticipée des taux d'intérêt sur le marché ait pour effet de

La valorisation d'une action

L'analyse classique de la formation des cours des actions (ou de n'importe quel autre actif réel ou financier) considère que les performances futures des entreprises et l'évolution du taux d'actualisation déterminent la valeur présente des actions. Ainsi, la valeur intrinsèque V_0 d'une action est égale à la valeur actualisée au taux du marché E^M (r) des dividendes futurs anticipés E (D_t) :

$$V_0 = \sum_{t=1}^{\infty} \frac{E(D_t)}{\left(1 + E^M(r)\right)^t}$$

Cette formule dit que la valeur du titre aujourd'hui doit être égale à la somme des flux générés par celui-ci dans le futur mais des flux exprimés aussi en unités monétaires d'aujourd'hui (d'où la division par le facteur d'actualisation). Par exemple, si 100 euros peuvent être placés à 10 % (taux annuel), l'année prochaine, leur valeur sera égale à 100*(1.1) = 110 euros. De façon équivalente, cela signifie que 110 euros versés l'année prochaine valent 110 / (1.1) = 100 euros aujourd'hui.

Toute déviation du cours d'une action de sa valeur intrinsèque (correspondant aux fondamentaux) est immédiatement corrigée par les arbitrages des investisseurs. Ainsi, si à un instant donné la valeur courante de l'action est inférieure à sa valeur intrinsèque, les opportunités d'achat (hausse de la demande) feront progresser le cours de l'action vers sa valeur intrinsèque.

Si l'on fait abstraction de considérations de risque, alors le taux d'actualisation dans la formule ci-dessus n'est autre que le taux d'intérêt sans risque (taux sur un bon du Trésor à court terme par exemple). Et le taux risqué anticipé par le marché peut s'écrire comme la somme du taux sans risque et d'une prime de risque. Par conséquent, le taux de rentabilité anticipé par le marché est vraisemblablement positivement relié au taux d'intérêt sur le marché :

E^M (r) = i + φ avec i : taux d'intérêt sans risque, et φ : prime de risque

Si on suppose que la prime de risque est constante, ces deux taux sont parfaitement corrélés. Aussi, toutes choses étant égales par ailleurs, une hausse du taux d'intérêt a pour effet de déprimer le cours des actions et *vice versa*. On comprend ainsi le souci des investisseurs de suivre au quotidien l'évolution des taux d'intérêt et d'anticiper les décisions prises par les banques centrales.

déprimer la valeur des actions et que toute anticipation de baisse des taux d'intérêt se traduise par une augmentation des cours boursiers.

Ainsi, un mouvement de baisse des taux d'intérêt doit contribuer à la bonne santé des marchés financiers alors que toute anticipation ou menace de hausse des taux entraîne la chute des cours boursiers. Or les anticipations d'évolutions des taux d'intérêt sont étroitement liées aux anticipations inflationnistes. En particulier, un regain d'inflation se traduit souvent par une politique monétaire plus restrictive et par conséquent par un relèvement des taux d'intérêt de court terme. Sous cet angle, une phase de haute conjoncture caractérisée par une activité soutenue et de faibles niveaux des taux d'intérêt sera favorable à l'évolution des cours boursiers, alors qu'à l'opposé la phase descendante du cycle leur sera défavorable.

La prime de risque. — Ce raisonnement ne doit toutefois pas occulter le rôle joué par les primes de risque offertes aux investisseurs. En détenant des actifs risqués, ces derniers s'attendent à réaliser une rentabilité plus élevée que celle associée aux produits d'épargne sans risque (compte sur livret, bons du Trésor à court terme...). Autrement, aucun investisseur ne se hasarderait à sélectionner des actifs risqués procurant des gains identiques à ceux d'un placement sûr. Or, si, en théorie, ces primes sont supposées être stables, elles sont susceptibles de réagir fortement à des événements exceptionnels. Par conséquent, en période de grande fragilisation financière, l'évolution des cours boursiers peut s'expliquer par des variations des primes de risque exigées par les investisseurs reléguant au second plan l'impact exercé par les taux d'intérêt. Ainsi, les phénomènes de « fuite vers la qualité » (*flight for quality*) occasionnés par exemple par les crises financières asiatique, russe et brésilienne de 1996 à 1999 se sont traduits par une baisse généralisée des cours des actions. Les investisseurs se sont tournés vers les titres non risqués (obligations d'État), contribuant à réduire le taux d'intérêt sans risque. Cette baisse aurait dû agir favorablement sur le cours des actions mais on a constaté l'effet inverse. En réalité, la baisse du cours des actions était nécessaire pour accroître d'autant plus la rentabilité espérée pour les investisseurs. Car, pour accepter de détenir des titres risqués en de telles circonstances, ces derniers ont exigé une appréciation de la prime. Ainsi, dans ce cas, l'effet négatif de la hausse de la prime de risque a fait plus que compenser l'effet positif de la baisse des taux d'intérêt.

Cours boursiers et prévision économique

Le rôle majeur joué par les anticipations dans la détermination des cours boursiers conduit souvent les économistes à considérer ces derniers comme des indicateurs avancés de la situation économique à venir. En effet, si les marchés financiers intègrent toute l'information sur l'avenir, pourquoi ne pas les exploiter à des fins de prévision ?

Dans cette optique, l'analyse du niveau et de l'évolution des indices boursiers se révèle utile pour prévoir le PIB (produit

Prime de risque et équilibre des marchés financiers

Le modèle d'équilibre des actifs financiers (Médaf) stipule que le prix d'un actif dépend de son couple rentabilité/risque ainsi que de ses propriétés en termes de diversification. Ainsi, à l'équilibre, un risque plus élevé devra être rémunéré par une rentabilité espérée plus forte. Mais deux titres présentant les mêmes niveaux de rentabilité et de risque n'auront pas forcément le même prix car leur incidence sur le risque global encouru par l'investisseur qui, en général, détient un portefeuille d'actifs diversifié peut être différente. Il faut donc tenir compte du risque mais aussi de la façon dont la rentabilité d'un actif est corrélée avec celle des autres actifs sur le marché. Dit autrement, cela signifie que seul le risque non diversifiable (risque de marché) doit être pris en compte dans la tarification d'un actif car tout investisseur rationnel aura totalement éliminé le risque diversifiable (risque spécifique) en détenant simultanément un grand nombre de titres. Ainsi, seul le risque de marché doit être rémunéré à l'équilibre et globalement la rentabilité espérée E (r) d'un actif peut s'écrire :

E (r) = prix du temps + quantité de risque × prix du risque,

où le prix du temps n'est autre que le taux d'intérêt sans risque, la quantité de risque (appelée aussi le *béta* d'un actif) est la sensibilité du titre en question par rapport au mouvement du marché dans son ensemble et le prix du risque est l'écart de rentabilité espérée entre le marché dans son ensemble et le titre sans risque.

intérieur brut) à court terme. En particulier, aux États-Unis, l'indice des 500 principales actions américaines (SP500) sert officiellement dans la détermination des prévisions conjoncturelles réalisées par le NBER (National Bureau of Economic Research). Cependant, la capacité prédictive des indices boursiers est souvent remise en cause. Le lien fort entre l'évolution de l'indice boursier et celle de l'activité économique dans son ensemble n'est d'ailleurs mis en évidence que dans le cas des États-Unis. On constate en effet que l'évolution de l'indice boursier anticipe celle du PIB avec un décalage variable pouvant aller de un à cinq mois.

Pour la plupart des autres pays industrialisés, une explication souvent avancée quant à l'absence de relations entre l'évolution des cours boursiers et l'activité économique future a trait à la dépendance des places financières mondiales par rapport au marché américain. En effet, les cours boursiers sont fortement corrélés à l'échelle internationale sans qu'il en soit de même des cycles de l'activité économique. Or les cycles économiques américain et européen étant largement déconnectés, il est par conséquent normal que le pouvoir prédictif des marchés financiers soit difficile à mettre en évidence en Europe. Quant au Japon, les facteurs institutionnels contribuant à brouiller les signaux émis par les marchés d'actifs sont loin d'être négligeables. C'est en tout cas les raisons avancées par grand nombre d'économistes.

Cette vision des choses ne doit pas occulter les phénomènes de bulles spéculatives qui sont à l'origine de déviations souvent durables des cours boursiers de leurs fondamentaux pour des raisons autres que celles relatives à des imperfections de marché passagères. Car les raisons de nature institutionnelle telles qu'une modification de l'environnement financier (fiscalité, coûts de transaction, privatisation...) ne suffisent pas pour remettre en cause l'efficacité des marchés à transmettre l'information. Ces phénomènes de bulles, apparemment de plus en plus nombreux, sont un défi à la théorie financière puisqu'ils ébranlent l'hypothèse fondatrice d'efficience des marchés et ce avec d'autant plus de force que la rationalité des agents n'est pas en question. Des investisseurs rationnels peuvent tout à fait agir de manière à faire croître les cours, dès lors que leurs anticipations leur laissent espérer des perspectives de gain dans l'avenir, même si les fondamentaux sont loin de valider une telle hausse. Il en découle que la présence de bulles associée parfois à une forte volatilité des cours limite la capacité prédictive des marchés financiers.

Structure des taux d'intérêt et évolution anticipée de l'activité

Les taux d'intérêt constituent un autre outil pour prévoir l'évolution de l'activité économique. L'idée ici est qu'une variation future des taux d'intérêt va affecter les conditions de la demande, se traduisant par une progression (ou un recul) plus ou moins importante de la production effective. Or le marché des taux d'intérêt permet d'anticiper l'évolution des taux par la lecture de la courbe des taux qui représente les taux pratiqués pour les diverses échéances de prêts. Plus précisément, la pente de la courbe qui représente l'écart entre taux longs et taux courts est révélatrice des anticipations des investisseurs sur les marchés quant à l'évolution des taux à plus ou moins court terme (voir encadré).

Un grand nombre d'études ont été menées pour apprécier le lien entre la structure des taux et l'activité économique à venir. Dans la plupart des pays industrialisés, les résultats tranchent en faveur d'une forte corrélation, la structure des taux pouvant être considérée comme un indicateur avancé remarquablement fiable de la conjoncture. Ces résultats sont utiles pour les autorités monétaires dans la mesure où elles peuvent agir sur la courbe des taux d'intérêt par le biais d'interventions sur le marché des titres courts. En effet, les taux courts qui sont gouvernés par la politique monétaire ne sont pas neutres quant à la fixation des valeurs d'équilibre des taux d'échéances plus longues. Une baisse d'un quart de point du taux au jour le jour sur le marché monétaire est susceptible de faire craindre des tensions inflationnistes provoquant une hausse des taux de long terme. Les autorités monétaires disposent ainsi d'un outil permettant de piloter la conjoncture et surtout d'en atténuer les soubresauts. À l'opposé, une anticipation de reprise de l'activité accompagnée d'une plus forte inflation peut être à l'origine d'une progression des taux longs accentuant la pente de la courbe. La façon dont réagissent les autorités monétaires pour accommoder ou infléchir l'évolution de l'activité est alors cruciale. Quoi qu'il en soit, le différentiel d'intérêt entre taux courts et taux longs refléterait les prévisions des marchés quant à l'activité économique future.

La Bourse et le cycle de l'activité

Si l'évolution de la conjoncture influe sur les cours boursiers, en particulier par le biais des anticipations inflationnistes, de taux d'intérêt et celles sur l'activité économique à venir dans son ensemble (ajustement de l'offre productive à la demande, chômage...), la réciproque est vraie également. Les tendances sur les marchés financiers peuvent accentuer voire rallonger ou raccourcir le cycle économique.

Effets de richesse

Le premier élément que l'on a coutume de mettre en avant est relatif au comportement des ménages. Ces derniers ont l'habitude d'ajuster leur consommation au niveau de leur revenu mais aussi au montant de leur patrimoine. Or les actifs financiers (actions, obligations...) occupent une part croissante de leur richesse. Par conséquent, toute variation de la valeur des actions ou obligations a pour effet de modifier de façon significative leurs dépenses de consommation. Ainsi, en période de forte chute des cours boursiers, les ménages soucieux de limiter la chute de la valeur de leur patrimoine vont épargner davantage. En période de hausse des marchés financiers, ils vont au contraire épargner peu, voire réaliser des plus-values (en

Courbe des taux d'intérêt et théorie des anticipations

Pourquoi existe-t-il une différence entre les taux de court terme (taux à un an par exemple) et les taux de long terme (taux à dix ans par exemple) ? Dit autrement, pourquoi la courbe des taux qui représente le lien entre la durée des titres de créance et leur taux de rémunération est tantôt croissante (courbe qualifiée de normale), tantôt décroissante (courbe dite inversée) ou parfois horizontale (courbe plate).

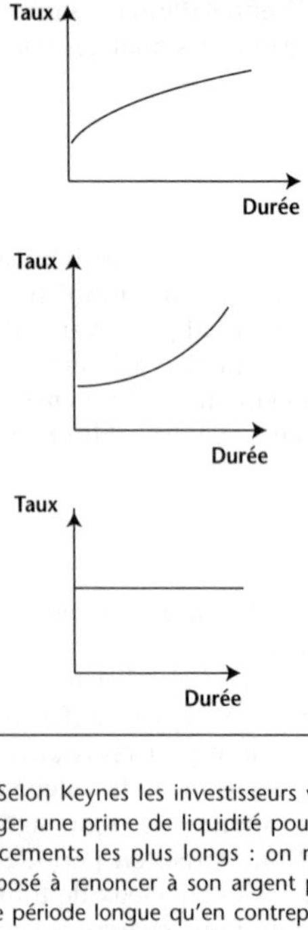

Selon Keynes les investisseurs vont exiger une prime de liquidité pour les placements les plus longs : on n'est disposé à renoncer à son argent pour une période longue qu'en contrepartie d'une rémunération plus attractive. C'est pourquoi une courbe croissante est qualifiée de normale.

Mais, selon la théorie des anticipations, cette différence s'explique par les prévisions réalisées par les investisseurs sur l'évolution future des taux d'intérêt. On part du principe que tous les intervenants sur le marché peuvent prévoir avec certitude le niveau des taux courts futurs, ou de façon identique, qu'ils sont neutres vis-à-vis du risque et qu'ils forment leurs anticipations rationnellement. On suppose qu'il n'y a pas de coûts de transaction, ni d'impôts, ni d'entraves quelconques aux transactions sur titres sur les marchés des capitaux. Ce sont alors les arbitrages réalisés par les investisseurs qui déterminent des relations entre les taux de maturités différentes. Les taux longs dépendent directement des taux courts anticipés par les investisseurs. Ainsi, lorsque le taux à dix ans est supérieur au taux à un an, la seule façon d'expliquer que certains investisseurs se contentent d'une rémunération plus faible est qu'ils anticipent une hausse du taux à un an dans les années à venir. Il est donc équivalent pour eux d'effectuer un placement une fois pour toutes à dix ans au taux par exemple de 8 % et un placement à un an à 5 % la première année, suivi de placements successifs de un an à des taux plus élevés. Leur taux moyen de rémunération sera en réalité de 8 % dans tous les cas de figure. De façon équivalente, lorsque le taux long est plus faible que le taux court, cela signifie que les investisseurs anticipent une baisse des taux d'intérêt. Car, comment expliquer sinon que certains investisseurs se contentent de placements à dix ans à 7 % par exemple alors que des Sicav monétaires leur rapporteraient par exemple 12 %. En réalité, la rémunération de 12 % n'est qu'éphémère et très vite celle-ci passera en dessous du niveau des taux à long terme. Enfin, lorsque les taux longs et courts sont égaux, alors les investisseurs anticipent une stabilité des taux d'intérêt. Détenir des titres courts ou des titres longs leur est alors indifférent.

revendant des titres) pour dépenser des montants supérieurs à leurs revenus courants. Ces phénomènes sont inquiétants dans la mesure où ils sont susceptibles d'entretenir une spirale inflationniste. Ainsi, à la fin des années 1990 avant l'effondrement progressif du marché boursier, d'abord en 2000, puis en 2001, la croissance soutenue de l'activité aux États-Unis était entretenue pour partie par la forte progression des marchés financiers. Certaines études estimaient à 50 % la contribution des gains financiers (plus-values espérées sur cessions de titres) à la croissance de la consommation. Or le retour de manivelle aurait pu être brutal lors du krach de septembre 2000. C'est sous cet angle que le krach boursier d'octobre 1987 a fait craindre des propagations à l'ensemble de la sphère économique. Ces deux krachs n'ont pas eu les conséquences récessionnistes attendues, en particulier grâce aux interventions des autorités monétaires qui ont facilité l'accès à la liquidité des agents économiques. Mais ils montrent bien aussi les limites d'une telle analyse qui, dans sa version extrême, considère que les agents assimilent toute plus-value latente à un accroissement effectif de leur richesse. Or rien ne dit qu'un ménage conscient de la forte instabilité des marchés financiers estime comme définitivement acquis tout accroissement de son patrimoine financier. De même, toute baisse de la valeur des titres financiers n'implique pas obligatoirement des pertes effectives. Une baisse des cours consécutive à une période de forte progression des marchés n'a souvent pour effet que de réduire les plus-values latentes des agents. Et, à moins qu'ils ne soient contraints de liquider leur portefeuille, les moins-values éventuelles ne sont pas obligatoirement associées à un recul de leur richesse, en tout cas à long terme. Il est d'ailleurs intéressant de noter que les études menées pour la France concluent, contrairement au cas américain, à l'absence de liens entre cours boursiers et consommation des ménages [Odonnat et Rieu, 2003].

De leur côté, les entreprises sont susceptibles d'être détournées de leur fonction véritable en période de forte croissance des marchés financiers. Plutôt que de continuer à s'endetter afin de financer des projets d'investissement productifs, elles sont attirées par la forte rémunération promise par les placements financiers. La demande accrue de titres ne fait alors qu'entretenir la hausse, la flambée des cours devant inéluctablement se résoudre par une correction à un moment ou un autre. Ce scénario est celui connu par un grand nombre de pays industrialisés au cours des années 1980. L'attrait de plus-values élevées a provoqué un engouement pour les actifs financiers et immobiliers dans lequel ménages, entreprises et institutions financières se sont trouvés partie prenante. L'éclatement de la bulle immobilière qui s'est ensuivi à la fin des années 1980, voire dans certains cas au début des années 1990 s'est soldé par des crises qui ont affecté la situation des ménages et en particulier celle des banques. Fragilisées, ces dernières n'étaient à leur tour plus en mesure de remplir pleinement leur fonction de financement de l'économie.

Rôle des contraintes financières

L'impact de l'évolution des cours des actifs financiers sur l'activité économique transite aussi par les contraintes financières auxquelles font face les agents économiques.

Parce que certains agents (ménages et entreprises) n'ont qu'un accès onéreux voire réduit au marché des capitaux, ils sont tributaires des banques pour le financement de leurs projets. Cette dépendance au crédit bancaire constitue un canal qui peut accentuer le profil du cycle économique [Bernanke et Blinder, 1988]. En période de fortes valorisations des actifs financiers, les garanties apportées par les agents désireux de recourir à l'emprunt s'améliorent. La réaction des banques et autres intermédiaires financiers spécialisés dans l'activité de prêt est de relâcher leurs conditions débitrices en répondant abondamment aux demandes de financement de leurs clients. Car, parce qu'il leur est difficile de différencier les bons débiteurs des mauvais (problèmes d'asymétrie d'information), les banques accordent plus de poids à la valeur des actifs, qu'elles pourraient confisquer en cas de défaut de remboursement, qu'à la qualité intrinsèque des projets qu'elles contribuent à financer. Ainsi, une évolution à la hausse des cours boursiers est susceptible d'induire et d'amplifier le cycle de l'activité. Et cet effet interagit avec le volume du crédit dans l'économie. Une phase de forte appréciation des actifs financiers correspond en général à celle de fin de récession ou de début de reprise économique. L'accroissement rapide des plus-values latentes est annonciateur de l'amélioration des résultats des entreprises dans les périodes à venir. Or cette phase d'euphorie est entretenue par l'essor du crédit qui en est la conséquence directe, qui s'explique par l'appréciation des garanties déposées par les emprunteurs. Et l'accès facilité au crédit va à son tour contribuer à entretenir la montée des cours des actifs sur les marchés financiers.

Cours boursiers et investissement

Cette interaction crédit/cours des actifs peut affecter sensiblement l'activité économique par l'intermédiaire des comportements de demande en général mais plus particulièrement par le biais des décisions d'investissement des entreprises. Parce que leur valeur de marché est plus élevée en période de hausse des cours boursiers, se traduisant par des ratios dettes/fonds propres décroissants, celles-ci ont plus facilement recours à l'endettement. Or la conséquence est une progression soutenue de l'investissement sur toute la durée de la phase haute du cycle financier. Mais cette accélération est suivie d'un frein brutal dès que la tendance haussière des marchés boursiers s'inverse. La baisse de la solvabilité des entreprises et la dépréciation des garanties apportées par les emprunteurs en général (collatéraux) provoquent une contraction du crédit octroyé par les banques [Bernanke et Gertler, 1989 ; Bernanke, Gertler et Gilchrist, 1999]. Il s'ensuit un fort recul de l'investissement productif dont l'évolution présente de fortes irrégularités.

L'impact exercé par les cours boursiers sur l'investissement productif peut également être analysé à travers le rôle des anticipations sur les profits futurs des entreprises. Toute déviation significative de la valeur de marché (en Bourse) d'une entreprise par rapport à sa valeur de remplacement (mesurée par son actif net) place ses dirigeants face à un dilemme bien connu depuis les travaux de Keynes. La première tâche de tout entrepreneur est en effet d'arbitrer entre la décision qui consiste à fonder une entreprise, voire agrandir une entreprise existante, par l'acquisition de capital physique, et celle qui est d'acquérir en Bourse une firme donnée. Or plus le ratio communément appelé *q de Tobin*, valeur de marché/valeur comptable d'une firme, est élevé, plus il sera rentable d'investir dans de nouveaux projets. Sous cet angle, toute appréciation des cours des actions des sociétés cotées s'interprète comme des perspectives de profits futurs élevés encourageant la poursuite ou la création de projets d'investissement. Ainsi, l'évolution des cours boursiers va contribuer à ralentir ou accélérer l'investissement même en l'absence de facteurs ayant trait à l'environnement financier des entreprises, aux imperfections de marché, et donc aux contraintes auxquelles elles doivent faire face.

Si l'investissement productif est affecté par le niveau des cours des actions sur les marchés financiers, il l'est aussi par leur plus ou moins forte volatilité. Une forte instabilité des cours, tout en étant le reflet d'une plus grande incertitude par rapport aux performances macroéconomiques à venir, peut agir de deux façons sur les décisions d'investissement des firmes. Une volatilité élevée a pour effet de ralentir l'investissement, les entreprises craignant un ralentissement de l'activité économique, un recul de leurs débouchés et par conséquent un gaspillage de ressources. Mais elle est aussi synonyme d'anticipations de profits futurs plus élevés exerçant alors l'effet inverse sur l'investissement car une volatilité accrue implique un élargissement de l'étendue des éventuels résultats dans l'avenir. Ainsi, une mauvaise éventualité se traduira, par exemple, par un profit en recul de 50 % au lieu de 20 %, mais une bonne réalisation par un profit en progression de 60 %, par exemple, au lieu de 25 %. Au total, tout dépendra des comportements des firmes, et en particulier de leur attitude vis-à-vis du risque, et des coûts éventuels de liquidation des investissements avant leur terme. Plus précisément, l'opportunité de réaliser des gains plus élevés (éventualité favorable) doit être confrontée aux coûts de revente du capital ou ceux liés à son affectation à d'autres usages (éventualité défavorable). Or l'investissement en capital physique, dès qu'il est réalisé, est tout particulièrement caractérisé par sa forte irréversibilité qui le rend difficilement transférable [Pindyck, 1988]. Globalement, les études empiriques, sans pouvoir trancher clairement en faveur d'un effet de la volatilité plutôt qu'un autre, font clairement ressortir la forte sensibilité de l'investissement à l'instabilité des marchés financiers [Ferderer, 1993 ; Leahy et Whited, 1996 ; Bond et Cummins, 2004]].

L'interaction entre sphère financière et sphère réelle

Les flux financiers, tant nationaux qu'internationaux et d'une importance croissante depuis les vingt dernières années, ont remis à l'ordre du jour le débat sur les liens qu'entretiennent les sphères réelles et financières de l'économie. Or les économistes s'interrogent depuis longtemps sur le rôle de la finance, en particulier quant à ses effets sur l'économie réelle. Alors que la théorie traditionnelle insiste sur la neutralité de la finance, les développements récents de l'analyse économique favorisent l'émergence d'une vision où finance et économie réelle sont étroitement liées.

Admettre que les variables financières puissent jouer un rôle sur l'activité économique réelle revient à supposer que les

La neutralité de la finance : un monde de marchés parfaits

Dans la théorie financière traditionnelle, un des théorèmes fondamentaux est celui de la *neutralité financière* de Modigliani-Miller. Ce théorème qui date de 1958 stipule, dans sa version initiale, que la valeur d'une firme est indépendante de sa structure financière. Ainsi, quelle que soit sa politique financière (émission d'emprunts plutôt que d'actions pour financer le développement de l'activité, distribution d'une plus ou moins grande part du profit courant aux actionnaires sous la forme de dividendes...), celle-ci n'exerce aucune incidence sur la valeur intrinsèque de la firme qui ne peut dépendre que de caractéristiques réelles et des choix stratégiques des dirigeants. Car dans des marchés des capitaux parfaits et complets, hypothèse de départ de ce théorème, toutes les combinaisons susceptibles d'être retenues par les dirigeants des firmes en matière de financement, pour satisfaire les apporteurs de fonds, sont à même d'être atteintes directement par les investisseurs sur les marchés. Ainsi, un dirigeant qui aura abondamment recours à l'endettement (hausse du ratio dettes/fonds propres) afin d'accroître la rentabilité pour ses actionnaires est exposé à un phénomène d'illusion financière dans la mesure où cette stratégie financière ne laisse pas indifférents les investisseurs sur les marchés. La réaction de ces derniers, qui vont substituer des titres moins risqués au titre désormais plus risqué émis par la firme en question, entraîne un recul du prix de ce dernier, neutralisant la démarche initiale du dirigeant. Par conséquent, dans ce cadre où les investisseurs sont supposés réagir instantanément et sans coût à toute modification de la structure de financement des émetteurs de titres, aucun agent ne peut bénéficier d'une quelconque création de richesse. L'*effet de levier* d'endettement positif, qui consiste à bénéficier de conditions d'emprunts plus avantageuses que la *rentabilité économique*, c'est-à-dire celle associée à l'acquisition de capital physique (machines, usines...), est infirmé.

La généralisation du théorème de Modigliani-Miller à l'ensemble des décisions et choix financiers implique que les structures financières n'ont aucune incidence sur les équilibres micro ou macroéconomiques. Non seulement la structure des passifs des agents (proportion entre dettes et fonds propres) importe peu, mais de surcroît elle n'exerce aucune incidence sur leurs actifs, c'est-à-dire sur les décisions d'investissement productif. Ainsi, on considère que, sur tous les marchés, tant de biens et services que d'actifs financiers, les prix incorporent toute l'information disponible et jouent parfaitement leur rôle de coordination des choix individuels. Toute modification de l'environnement économique et financier ne se traduit que par des réallocations de portefeuille des agents sans aucune incidence sur les grandeurs économiques réelles. C'est sans doute la raison pour laquelle les modèles macroéconomiques ont longtemps ignoré le rôle des variables financières en retenant une vision dichotomique dans laquelle sphère réelle et sphère financière évoluent de façon autonome et ne sont reliées que par l'entremise du taux d'intérêt.

équilibres économiques dépendent de celles-ci. Cela implique que les comportements des agents individuels (ménages, entreprises, État) soient influencés par les grandeurs financières et qu'en retour les arbitrages qu'ils opèrent soient déterminants dans la formation des équilibres tant microéconomiques que macroéconomiques. Et la question fondamentale qui se pose alors est relative au caractère transitoire ou persistant des modifications des conditions financières sur l'économie réelle. Sur le plan théorique, admettre que la sphère réelle et la sphère financière puissent interagir impliquait que l'on reconnaisse aux marchés certaines imperfections et notamment leur caractère incomplet (voir encadré). Or, depuis les années 1990, un grand pas a été franchi par la théorie macroéconomique pour incorporer l'incidence exercée par les variables financières. Il est vrai que les faits et surtout les progrès de la théorie économique ont largement contribué à l'essor de la discipline. Les avancées théoriques d'une part de la microéconomie (économie de l'information) dans les années 1970 s'écartent de l'hypothèse centrale de marchés complets. Les progrès, d'autre part, dans la théorie de la finance et l'émergence d'une véritable théorie bancaire dans les années 1980 confèrent un rôle central aux problèmes d'asymétries d'information insolubles sur des marchés organisés anonymes. L'intégration de ces développements, nombreux, dans l'analyse macroéconomique à partir de la fin des années 1980 et du début des années 1990 témoigne, certes, des mutations profondes entreprises par la théorie macroéconomique pour appréhender les liens et interactions entre finance et économie réelle. Mais elle révèle aussi le caractère éclaté et hésitant d'une discipline en pleine gestation. En fonction de l'optique retenue, la nature des imperfections de marché et donc la catégorie d'agents contraints dans leurs choix optimaux constituent une panoplie de ressorts par lesquels la finance affecte plus ou moins durablement l'économie réelle. La question de la pertinence de l'une ou de l'autre approche n'est par conséquent à appréhender que par la validation empirique. Or c'est ici une chose difficile dans la mesure où les modèles sont nombreux et où ils recouvrent une diversité de situations et des comportements individuels qui sont difficiles à tester.

VII / La Bourse et l'instabilité des systèmes financiers

« L'instabilité des marchés boursiers... La fragilité des systèmes financiers... L'exubérante irrationalité des marchés... À quand le prochain krach ? » Nombreux sont les qualificatifs pour critiquer les marchés et systèmes financiers. Plutôt que de remplir des fonctions sociales utiles, ceux-ci exerceraient, bien au contraire, leur tyrannie sur le reste de l'économie et compromettraient l'épanouissement et le bien-être des individus.

Cela étant, aussi paradoxal que cela puisse paraître, les transformations survenues sur les marchés financiers leur permettent de répondre de mieux en mieux aux besoins des agents économiques. L'exemple le plus flagrant est celui des marchés, tant critiqués, des produits dérivés qui connaissent une croissance spectaculaire depuis la fin du XXe siècle. Ces derniers offrent désormais une panoplie complète d'instruments de couverture des risques parfaitement adaptés aux divers profils des agents. Cependant, tout en ayant évolué pour permettre une meilleure gestion des incertitudes, ils exposeraient, en contrepartie, les systèmes financiers à une instabilité accrue. La complexité croissante à laquelle les opérateurs sont confrontés et les pressions spéculatives dont les marchés font l'objet écarteraient de plus en plus la finance de sa vocation principale. En assurant leurs fonctions ultimes de transfert et de concentration des risques, les marchés financiers ne feraient que les accroître et contribueraient à la fragilisation généralisée des économies.

Dans ce contexte, nombreuses sont les questions posées par les économistes. Pourquoi les marchés et systèmes financiers sont-ils parfois si instables ? Leur efficience est-elle remise en question ? Comment la recherche d'une meilleure efficacité du système financier a-t-elle engendré sa plus forte instabilité ? Peut-on obtenir plus d'efficacité sans une instabilité accrue ? Les autorités doivent-elles surveiller de plus près le développement et l'activité de la sphère financière ?

La résurgence des crises financières au cœur du débat

Fréquentes dans les années 1930, plus rares dans le système financier étroitement cloisonné de l'après-guerre jusqu'au début des années 1970, les crises financières sont à nouveau au-devant de l'actualité. Souvent isolées, ces crises ont pu être surmontées à des coûts parfois considérables pour la collectivité. Et si leur ampleur n'a pas toujours été spectaculaire, c'est que les pouvoirs publics ont pris l'habitude d'intervenir à temps pour éviter tout dérapage. Ces crises peuvent être de natures différentes. Certaines crises de marché illustrent l'instabilité des prix sur les marchés financiers, les plus violentes étant celles de 1987, 2000 et 2001 sans oublier celles, moins graves, de 1989 et 1998. D'autres sont des crises bancaires généralisées (caisses d'épargne américaines et banques commerciales scandinaves) ou encore des crises plus ponctuelles qui ont cependant touché de grands établissements. On a encore à l'esprit le cas de la BCCI en 1991, et par la suite celui du Crédit Lyonnais ou encore de la Barings, ainsi que les difficultés rencontrées par le Crédit foncier de France. Ces cas isolés font souvent peser une menace de crise généralisée qui toucherait à la fois les institutions financières et les marchés. Ce fut le cas en 1987 et, à la fin des années 1990, certains craignaient que les difficultés que connaissaient les banques japonaises ne soient à l'origine d'un krach mondial. Mais, en réalité, la menace est omniprésente et ses sources sont partout à la fois. Les pertes subies par le fonds spéculatif américain LTCM en 1998 ont à elles seules ébranlé les Bourses à l'échelle mondiale. Pour mieux comprendre ces crises, il convient toutefois de distinguer les mécanismes qui génèrent les crises boursières de ceux qui alimentent les crises bancaires. Mais il s'agit surtout de montrer que les crises boursières et bancaires sont de plus en plus interconnectées, la Bourse étant le lieu où elles atteignent leur ultime expression. Et elles débouchent inéluctablement sur des crises généralisées — comme l'ont montré les crises asiatique et russe de 1997 et de 1998 — qui ne sont pas sans conséquences sur le système économique.

Crises boursières

Les crises boursières sont d'une nature tout à fait particulière. Elles font référence à un effondrement brutal des cours des titres (actions, obligations...). Et les marchés des titres ont connu de profondes transformations avec la désintermédiation, les innovations financières et le développement des produits dérivés. Les variations importantes des taux d'intérêt et des cours des actions dans ce nouveau contexte sont inquiétantes à bien des égards.

L'effondrement brutal des cours survient lors de l'éclatement de ce que l'on appelle des bulles spéculatives. Il y a formation d'une bulle dès lors que le prix d'un actif s'écarte à la hausse et de façon croissante de sa valeur intrinsèque ou « vraie » valeur représentative des éléments fondamentaux de l'économie. Les opérateurs mal informés de l'évolution des « vraies » valeurs vont « mimer » le comportement d'autres agents considérés comme mieux informés. Si tous, sur le marché, appliquent les mêmes recettes de gestion, les cours auront tendance à évoluer dans le sens désiré. Ce n'est donc pas parce qu'ils anticipent correctement une hausse que celle-ci survient, mais simplement parce que tous les intervenants ont alimenté le marché avec des ordres allant dans le même sens (principe des anticipations dites autoréalisatrices). Mais lorsque l'écart entre le prix sur le marché et le prix « vrai » s'accroît, le risque de rupture s'amplifie... jusqu'à l'effondrement.

L'apparition de bulles spéculatives sur les marchés pose le problème de l'efficience de ces derniers.

Sur un marché financier efficient, les prix des actifs reflètent instantanément et pleinement toute l'information disponible pour les opérateurs. Ce concept remonte aux travaux du mathématicien français Bachelier au tout début du XXe siècle (1900). Celui-ci a statistiquement étudié l'évolution des prix des actions pour en déduire qu'ils suivaient la plupart du temps une marche aléatoire rendant inopérante toute méthode empirique de sélection des actions. Faisant l'objet d'une littérature qui s'est fortement développée depuis les années 1970, cette hypothèse d'efficience (*efficient markets hypothesis*) a de nombreuses implications sur le fonctionnement des marchés financiers. En effet, si cette hypothèse n'est pas rejetée, cela signifie que le prix d'un actif sera toujours égal à sa valeur fondamentale ou sinon que la différence est négligeable, dans le sens où elle ne peut être exploitée de façon profitable du fait de l'existence de coûts de transaction. Ainsi, le prix d'un titre tient compte à tout instant

Les trois formes d'efficience des marchés financiers

On distingue, depuis les travaux de Fama qui remontent au début des années 1970, trois formes d'efficience selon la nature de l'information qui est supposée incorporée dans les prix. Chaque forme a des implications particulières et a fait l'objet de nombreux tests empiriques.

Forme faible de l'efficience

Sous cette forme, on considère que le prix d'un actif reflète instantanément et pleinement toute l'information contenue dans le passé du prix. L'implication majeure ici est qu'il est donc impossible de réaliser des gains sur le marché en étudiant l'évolution dans le passé du cours d'un actif. Toutes les techniques de négociation qui reposent sur l'exploitation de l'historique des cours sont par conséquent dénuées de tout fondement et leur exploitation par les investisseurs institutionnels ou individuels représente un gaspillage.

De nombreux tests ont été proposés pour apprécier la validité de la forme faible de l'efficience. Une façon de la tester est d'étudier directement les profits liés à l'exploitation d'une technique particulière de négociation. La question posée est alors : « Qu'aurait donné telle méthode si elle avait été appliquée pendant, par exemple, les dix dernières années ? » Les tests empiriques ont en général montré qu'aucune technique n'était capable de générer des profits nets de coûts de transaction au-dessus de la moyenne. Une autre façon de tester cette hypothèse est d'étudier les propriétés statistiques des cours des actions (modèle de marche aléatoire, autocorrélation des rentabilités...). Là encore la forme faible de l'efficience ne peut être rejetée empiriquement. Ainsi, les prix des actifs incorporent l'information contenue dans le passé avec une telle rapidité qu'aucune règle de négociation profitable ne peut être mise en place.

Forme semi-forte de l'efficience

Sous cette forme, le prix d'un titre est supposé refléter instantanément et pleinement toute l'information disponible publiquement. Dans ce cas, toute information nouvelle rendue publique est incorporée avec une telle rapidité dans le prix d'un titre qu'il est trop tard pour en profiter une fois la nouvelle annoncée. Les tests de cette forme de l'efficience consistent à déterminer si les annonces publiques des résultats des entreprises sur les marchés sont correctement anticipées et exploitées par les investisseurs avant leur publication. Ainsi, la question posée est : « Le prix réagit-il à l'annonce d'une nouvelle ou avait-il réagi auparavant ? »

Forme forte de l'efficience

Dans ce cas, le prix d'un titre reflète toute l'information autant privée que publique. On suppose donc sous cette forme que les marchés réagissent avec une telle rapidité que même un investisseur initié (disposant d'une information privée) ne peut réaliser des profits anormaux. Naturellement, cette hypothèse extrême est facilement critiquable. Cependant, on peut considérer que c'est justement le rôle des autorités de marché (l'AMF par exemple dans le cas français) que de remédier à ce type d'inefficience en décelant et en réprimandant les délits d'initiés.

de toute l'information concernant l'état actuel d'une entreprise cotée et de ses perspectives d'évolution dans le futur. Cela implique qu'il existe sur le marché des agents spécialisés dans cette activité, les analystes, et que la concurrence menée par ceux-ci fait converger les prix vers leur valeur intrinsèque. Et ces professionnels de l'information (opérant dans un environnement concurrentiel) ne sont pas en position de réaliser des profits anormaux. Ils réalisent des recettes qui permettent de couvrir leurs coûts et éventuellement de dégager un profit moyen comparable à celui d'une autre branche d'activité.

Dans le contexte des fortes turbulences observées sur les marchés financiers à la fin du XXe siècle et au début du XXIe, l'hypothèse d'efficience des marchés a été vivement contestée. Les analyses de la formation des cours des actifs ont souvent privilégié des approches mettant l'accent sur des déviations durables de ceux-ci par rapport à leurs fondamentaux (bulles spéculatives). Ainsi, l'évolution des marchés obéirait plus à des comportements moutonniers, à la vision à court terme ou myopie des investisseurs institutionnels ou encore à l'instabilité provoquée par la généralisation des opérations de couverture sur les marchés dérivés [Artus, 1999]. Ces diverses approches, fondées la plupart du temps sur l'hypothèse d'hétérogénéité des agents opérant sur les marchés, n'en sont encore qu'à un stade de balbutiements et elles n'ont pas fait l'objet d'un consensus auprès de la communauté des chercheurs. D'ailleurs, l'hypothèse d'efficience n'est pas pour autant à rejeter du simple fait que l'on se situe en période de forte hausse des cours des actifs « inexpliquée » par les fondamentaux ou en période de krach boursier. Et d'après ses plus fervents défenseurs, l'hypothèse d'efficience n'est à rejeter que si les anomalies constatées sur les marchés permettaient de fabriquer des recettes « miracles » générant des gains anormaux. En ce sens, tous ces phénomènes (bulles irrationnelles ou rationnelles, anticipations autoréalisatrices...) ne seraient pas obligatoirement en contradiction avec l'efficience. Quoi qu'il en soit, les marchés boursiers sont sujets à une très forte volatilité et à des retournements de tendance souvent brutaux. Les mutations qu'ils ont connues pour atteindre une plus grande efficacité les rendent plus sensibles, voire plus fragiles.

L'instabilité des marchés peut être amplifiée par la systématisation des outils et modes de gestion, notamment ceux informatisés dont disposent les professionnels. Souvent les mêmes logiciels et les mêmes stratégies sont élaborés par les organismes financiers spécialisés. Dans ce contexte, les bulles peuvent plus facilement se constituer. Avec l'internationalisation des systèmes de transfert d'ordre informatisés, l'ampleur des bulles et la rapidité avec laquelle elles se propagent se sont nettement accentuées.

L'explosion des volumes traités sur les marchés des produits dérivés est tenue pour responsable de l'aggravation de la volatilité constatée de façon générale sur les marchés financiers. Leur utilité en tant qu'instrument de couverture des risques est remise en cause tant les dérives spéculatives sont nombreuses. L'exemple le plus significatif est celui des fonds d'investissement dits *hedge funds*, traduction de « fonds de couverture », conçus à l'origine pour couvrir les risques et qui sont devenus des « batteries » de spéculation pouvant affronter toutes les banques centrales. Les sérieuses difficultés rencontrées par le fonds spéculatif LTCM (*long term capital management*) en 1998 ont aussi révélé le danger qu'ils faisaient subir, par effet de contagion, à l'ensemble du système financier. Il convient ainsi de s'interroger sur les moyens de rendre aux marchés dérivés leur finalité première qui est de protéger des risques.

Crises bancaires

Les crises bancaires font référence à des faillites en chaîne d'établissements financiers. Elles peuvent résulter de phénomènes de paniques et de ruées qui conduisent les déposants à retirer leurs dépôts massivement, ou de l'insolvabilité des établissements bancaires résultant de prises de risques excessives.

Les cas de paniques bancaires sont nombreux dans l'histoire, notamment aux États-Unis. On a assisté à des paniques régulières entre 1800 et 1933 avec des effets de contagion à l'ensemble du système bancaire (on compte quatorze paniques généralisées sur cette période). La gravité de la situation en 1933 a même entraîné la fermeture de toutes les banques américaines. Ceci s'explique par cette particularité qu'ont les banques d'être soumises à un risque de ruées ou courses aux dépôts. En effet, en cas de rumeur sur l'état de solvabilité d'une banque, les déposants vont se ruer aux guichets pour le retrait de leurs fonds en pensant que seuls les premiers arrivés seront servis. Ce comportement peut précipiter la banque dans la faillite, même si celle-ci ne se justifiait pas au départ car, pour satisfaire les retraits, elle peut être amenée à liquider des actifs à perte. Ce phénomène peut se propager à l'ensemble des banques du fait des positions croisées qu'elles détiennent ou d'un manque de confiance généralisé dans le système bancaire.

Le nouveau climat déréglementé et les systèmes de protection qui se sont développés encouragent les banques à s'exposer aux risques de façon excessive. Tout d'abord, la baisse des marges bancaires liée à la déréglementation les pousse à sélectionner des actifs plus risqués pour défendre leur rentabilité. Mais surtout, et paradoxalement, les systèmes de protection récemment mis en place pour limiter les crises bancaires peuvent engendrer des effets pervers conduisant à des prises de risques qui aggravent l'insolvabilité des banques. D'une part, pour éviter tout phénomène de ruée bancaire, les dépôts dans les banques sont désormais assurés. Ces systèmes d'assurance des dépôts sont initialement apparus en 1933 aux États-Unis et se sont développés depuis la fin des années 1970 en Europe. Or, si cette assurance permet de prévenir les phénomènes de ruées bancaires (l'organisme assureur indemnise les déposants en cas de faillite de la banque), elle représente, par ailleurs, une autre source d'instabilité. Le système d'assurance incite les banques à prendre plus de risques en espérant réaliser des profits plus élevés, sachant que les pertes éventuelles seront couvertes par l'organisme assureur. D'autre part, les dispositifs de la réglementation prudentielle qui impose des normes quant à la structure des bilans des banques (détention d'un minimum de fonds propres ou de liquidités pour réduire le risque de faillite) peuvent être détournés par les banques. Lorsque ces dispositifs réglementaires exercent une influence négative sur leurs profits, les banques peuvent aussi être incitées à prendre plus de risques.

L'interconnexion croissante entre crises boursières et crises bancaires

Les phénomènes évoqués précédemment et leur conjonction posent de graves problèmes par la menace qu'ils font subir à l'ensemble du système économique. Car si des faillites bancaires ou des crises de marché peuvent accentuer et prolonger une récession, les effets sont d'autant plus forts que ces crises sont par nature interconnectées. Ces interactions crises bancaires/crises des marchés et leurs conséquences sur l'ensemble de l'économie expliquent le rôle central que l'on attribue aux marchés financiers et aux institutions financières dans l'analyse du risque, qualifié de risque systémique. Le risque systémique peut se définir comme le risque d'une crise généralisée du système économique résultant de la propagation en chaîne d'une défaillance d'une composante isolée du système. Les sources identifiées de ce risque sont multiples. Mais le rôle des institutions financières (banques) est souvent considéré comme prépondérant dans ces processus de crise car elles sont le lieu de concentration des risques rendant probables les effets de contagion à l'ensemble de la sphère financière. Avec le phénomène de marchéisation de l'activité des banques, les interactions entre crises bancaires et crises de marché constituent des menaces plus vives que dans le passé. Du fait de leur plus grande implication sur les marchés financiers, et de l'importance de leurs positions croisées, les banques représentent une menace pour les marchés et l'ensemble du système financier. On a souvent constaté un lien étroit entre la fragilité des banques et les fluctuations des prix sur les marchés financiers. En l'occurrence, ce lien était particulièrement fort au Japon tout au long des années 1990 et les économistes ont longtemps redouté qu'une éventuelle défaillance du système bancaire japonais ne soit à l'origine d'un krach mondial sans précédent. De même, les tensions sur les marchés peuvent mettre en péril les systèmes bancaires dans leur globalité. Le krach d'octobre 1987 est l'exemple même d'une crise de marché qui pouvait avoir des répercussions sur le système économique dans son ensemble. Seule l'intervention massive des banques centrales a permis d'éviter le pire. En injectant suffisamment de liquidités, elles ont ainsi pu éviter la paralysie des marchés et, par conséquent, celle de l'ensemble de l'économie.

Les crises asiatique (1997) et russe (1998) ont très nettement révélé cette plus forte interconnexion des marchés boursiers et des banques. Les cours boursiers des banques sont ceux qui ont subi les décotes les plus massives. Mais, en retour, la fragilisation des banques a accentué les problèmes initiaux par des phénomènes de contraction du crédit (*credit crunch*). Le secteur productif a été privé de ses moyens de financement. Mais, privés aussi de liquidités, les investisseurs n'ont pu maintenir leur présence sur les marchés boursiers, présence indispensable pour éviter que l'effondrement des cours ne s'amplifie.

Le renforcement de la sécurité des systèmes financiers

Pour pallier ces dysfonctionnements, les autorités publiques ont renforcé la surveillance des systèmes financiers. Dans les faits,

Les dispositifs prudentiels sont-ils efficaces ?

Afin de réduire la menace du risque de système, il faut agir sur les canaux qui conduisent aux crises financières. C'est justement là l'objectif de la réglementation prudentielle qui consiste, par un ensemble de dispositifs, à infléchir directement le comportement des agents financiers. En ce qui concerne les institutions bancaires, ces dispositifs, dont le ratio Cooke et son successeur le ratio McDonough qui exige qu'elles financent, à hauteur d'un montant qui dépend du degré de risque de chaque opération, leurs activités par des fonds propres (apportés par les actionnaires), sont à adapter constamment à la complexité des structures et opérations financières, et leur efficacité est des plus douteuse. Il est vrai que le problème est complexe d'autant plus que ces dispositifs peuvent engendrer des effets pervers (évoqués précédemment) accentuant les risques de crises. Cette complexité a d'ailleurs inéluctablement orienté les autorités vers des mesures incitant plutôt les acteurs à s'autocontrôler (*contrôle interne*) ou les soumettant à la sanction du marché (*discipline de marché*). Mais elles sont loin d'être efficaces, notamment en période de crise, d'autant plus que certaines institutions échappent à toute surveillance des pouvoirs publics. C'est le cas en particulier des fonds spéculatifs (*Hedge Funds*) dont l'un d'entre eux, le LTCM, a dû être recapitalisé en catastrophe en 1998 sous l'égide de la réserve fédérale américaine. Cet exemple montre bien que le principal problème pour les autorités est celui de l'aléa moral. Car les banques et autres institutions financières d'une taille importante savent qu'elles seront obligatoirement secourues par les pouvoirs publics en cas de difficultés.

Prêteur en dernier ressort

La question du contrôle et de la prévention efficace des excès des systèmes et marchés financiers est loin d'être résolue. Tantôt inefficaces car contournables, tantôt perverses car produisant l'inverse du résultat escompté, les règles et mesures de contrôle continueront à se rechercher. Et il est vain de croire que l'on pourrait s'en remettre à des recettes miracles traitant simultanément tous les problèmes à la fois. Les crises seront encore là dans l'avenir et elles ont parfois des vertus salutaires. Le point essentiel est de savoir correctement les gérer pour réduire au mieux leurs effets dévastateurs. C'est pourquoi, en dernier recours, les autorités doivent intervenir directement en tant que prêteur en dernier ressort par l'intermédiaire des banques centrales. Leur rôle est alors de réanimer le système financier en injectant des liquidités. C'est là une des solutions envisageables face au dilemme efficacité-stabilité. C'est en tout cas, avec les autres mesures de protection (assurance des dépôts...) souvent très coûteuses pour le contribuable, le prix à payer pour plus d'efficacité.

la réglementation actuelle consiste à exiger des banques le respect de règles prudentielles qui sont essentiellement des contraintes imposées à la structure de leur bilan et à leur mode de gestion.

La volonté d'une convergence de ces règles à l'échelle internationale témoigne de l'importance accordée à ces mesures. Dans cette optique, l'esprit de la réglementation mise en place dans les années 1990 ou des propositions de réforme du comité de Bâle (Bâle II) est de permettre une concurrence soutenue entre acteurs financiers, tout en les disciplinant par l'obligation de respecter des règles de prudence à tout moment. Ainsi, alors que le dispositif réglementaire antérieur ignorait toute logique concurrentielle, les nouvelles mesures insistent sur le maintien d'un environnement concurrentiel. En d'autres termes, cela revient à admettre que la fragilisation financière est une contrepartie inévitable de la recherche d'une plus grande efficacité. Cependant, cette réglementation naissante paraît encore incapable de résoudre l'ensemble des problèmes posés malgré les efforts déployés par les autorités (réforme McDonough) en vue de l'asseoir en 2006 sur trois piliers censés se renforcer réciproquement (respect de règles, surveillance et discipline de marché).

En ce qui concerne les marchés financiers, les dispositifs prudentiels sont encore en discussion et rien de précis n'est encore défini. Les mouvements massifs de capitaux, principalement sur les marchés dérivés, suscitent pourtant de vives réactions. Et certains, comme le prix Nobel James Tobin, proposent, depuis longtemps déjà (début des années 1970), d'instaurer des taxes qui pénaliseraient plus les opérations de court terme que les investissements longs, car les risques sont omniprésents et les règles en vigueur ne peuvent toujours parvenir à les contenir. Les inconvénients d'une telle taxe sont pourtant bien connus. Elle est susceptible d'introduire des distorsions supérieures à celles qu'elle souhaite éliminer. En particulier, comment distinguer les transactions purement spéculatives des transactions « utiles » ou sinon, pourquoi les frapper de façon indistincte ? Qu'adviendrait-il des activités d'arbitrages qui ont des vertus stabilisatrices et qui contribuent à accroître la liquidité des marchés ?

Repères bibliographiques

AGLIETTA M. (2005), *Macroéconomie financière. 1. Finance et croissance et cycles. 2. Crises financières et régulation monétaire*, La Découverte, « Repères », Paris.

ARBULU P. (1999), « La Bourse de Paris du XIXe siècle : l'exemple d'un marché émergent devenu efficace », *Revue d'économie financière*, n° 49, septembre.

AKERLOF G. (1970), « The markets of lemons : quality, uncertainty, and the market mechanism », *Quaterly Journal of Economics*, n° 84, août.

ARTUS P. (1999), *Anomalies sur les marchés financiers*, Economica, Paris.

BERNANKE B. et BLINDER A. S. (1988), « Credit, money and aggregate demand », *American Economic Review*, vol. 78, n° 2.

BERNANKE B. S. et GERTLER M. (1989), « Agency costs, net worth and business fluctuations », *American Economic Review*, vol. 79, n° 1.

BERNANKE B., GERTLER M. et GILCHRIST S. (1999), « The financial accelerator in a quantitative business cycle framework », *Handbook of Macroeconomics*, vol. 10.

BOND S. et CUMMINS J. (2004), « Uncertainty and investment : an empirical investigation using data on analysts profits forecasts », *Feds working paper*, n° 2004-20.

CARTAPANIS A. (2004), *Les Marchés financiers internationaux*, La Découverte, « Repères », Paris.

COPELAND T.E. et J.F. WESTON (1988), *Financial Theory and Corporate Policy*, Addison-Wesley.

DESCHANEL J.-P. et GIZARD B. (2005), *La Bourse en clair*, Ellipses, Paris.

DIAMOND D. (1984), « Financial intermediation and delegate monitoring », *Review of Economic Studies*, vol. 51.

FERDERER J. (1993), « The impact of uncertainty on aggregate investment spending : an empirical analysis », *Journal of Money, Credit and Banking*, vol. 25.

GILLET R. et A. MINGUET (1995), *Micro-structure et rénovation des marchés financiers en Europe*, PUF, Paris.

GOYEAU D. et A. TARAZI (2005), *Théorie financière : systèmes et marchés financiers*, CNED, Paris.

Gurley J. et E. Shaw (1960), *Money in Theory of Finance*, Brookings, New York.

Hicks J. (1974), *The Crisis of Keynesian Economics*, New York.

Jégourel Y. (2005), *Les Produits financiers dérivés*, La Découverte, « Repères », Paris.

Kremp E. (1998), « Structure du capital des entreprises françaises en 1996 », *Bulletin de la Banque de France*, juillet.

Leahy J.V. et T.M. Whited (1996), « The effect of uncertainty on investment : some stylised facts », *Journal of Money, Credit and Banking*.

Lévy-Leboyer M (1979) *in* F. Braudel et F. Labrousse, *Histoire économique et sociale de la France*, PUF, Paris.

Merton R.C. (1995), « A functionnal perspective of financial intermediation », *Financial Management*, vol. 24, n° 2.

Meslier C. (1999), *Prix des actifs et mécanismes de transmission traditionnels de la politique monétaire : variables financières et comportement d'investissement en France*, thèse de doctorat, Limoges.

Morin F. (1998), *Le Modèle français de détention et de gestion du capital*, Les Éditions de Bercy, Paris.

Pindyck R.S. (1988), « Reversible investment, capacity choice, and value of the firm », *American Economic Review*, vol. 78, n° 5.

Plihon D. (dir.) (2004), *Les Désordres de la finance*, Universalis, « Le tour du sujet », Paris.

— (2004), *Le Nouveau Capitalisme*, La Découverte, « Repères », Paris.

Odonnat I. et Rieu A.-M. (2003), « Les fluctuations des prix d'actifs font-elles peser un risque sur la croissance dans les grands pays industriels ? », *Revue de la stabilité financière*, Banque de France, n° 3, novembre.

Table des matières

VI La Bourse et l'activité économique

VII La Bourse et l'instabilité des systèmes financiers

Collection

R E P È R E S

dirigée par

JEAN-PAUL PIRIOU (de 1987 à 2004), *puis par* PASCAL COMBEMALE,

avec STÉPHANE BEAUD, ANDRÉ CARTAPANIS, BERNARD COLASSE, CAROLINE DOUKI, FRANÇOISE DREYFUS, HERVÉ HAMON, YANNICK L'HORTY, PHILIPPE LORINO, DOMINIQUE MERLLIÉ, CHRISTOPHE PROCHASSON et MICHEL RAINELLI.

ÉCONOMIE

Allocation universelle (L'), n° 412, Philippe Van Parijs et Yannick Vanderboght.

Balance des paiements (La), n° 359, Marc Raffinot et Baptiste Venet.

Bourse (La), n° 317, Daniel Goyeau et Amine Tarazi.

Budget de l'État (Le), n° 33, Maurice Baslé.

Calcul économique (Le), n° 89, Bernard Walliser.

Capitalisme financier (Le), n° 356, Laurent Batsch.

Capitalisme historique (Le), n° 29, Immanuel Wallerstein.

Chômage (Le), n° 22, Jacques Freyssinet.

Commerce international (Le), n° 65, Michel Rainelli.

Comptabilité nationale (La), n° 57, Jean-Paul Piriou.

Concurrence imparfaite (La), n° 146, Jean Gabszewicz.

Consommation des Français (La) :
1. n° 279 ;
2. n° 280, Nicolas Herpin et Daniel Verger.

Coût du travail et emploi, n° 241, Jérôme Gautié.

Croissance et richesse des nations, n° 419, Pascal Petit.

Démographie (La), n° 105, Jacques Vallin.

Développement soutenable (Le), n° 425, Franck-Dominique Vivien.

Développement économique de l'Asie orientale (Le), n° 172, Éric Bouteiller et Michel Fouquin.

Économie des changements climatiques, n° 414, Sylvie Faucheux et Haitham Joumni.

Économie bancaire, n° 268, Laurence Scialom.

Économie britannique depuis 1945 (L'), n° 111, Véronique Riches.

Économie chinoise (L'), n° 378, Françoise Lemoine.

Économie de l'Afrique (L'), n° 117, Philippe Hugon.

Économie de l'éducation, n° 409, Marc Gurgand.

Économie de l'environnement, n° 252, Pierre Bontems et Gilles Rotillon.

Économie de l'euro, n° 336, Agnès Benassy-Quéré et Benoît Cœuré.

Économie française 2006 (L'), n° 427, OFCE.

Économie de l'innovation, n° 259, Dominique Guellec.

Économie de la connaissance (L'), n° 302, Dominique Foray.

Économie de la culture (L'), n° 192, Françoise Benhamou.

Économie de la distribution, n° 372, Marie-Laure Allain et Claire Chambolle.

Économie de la drogue, n° 213, Pierre Kopp.

Économie de la firme, n° 361, Bernard Baudry.

Économie de la propriété intellectuelle, n° 375, François Lévêque et Yann Ménière.

Économie de la qualité, n° 390, Bénédicte Coestier et Stéphan Marette.

Économie de la réglementation (L'), n° 238, François Lévêque.

Économie de la RFA (L'), n° 77, Magali Demotes-Mainard.

Économie de la Russie (L'), n° 436, François Benaroya.

Économie des États-Unis (L'), n° 341, Hélène Baudchon et Monique Fouet.

Économie des fusions et acquisitions, n° 362, Nathalie Coutinet et Dominique Sagot-Duvauroux.

Économie des inégalités (L'), n° 216, Thomas Piketty.

Économie des logiciels, n° 381, François Horn.

Économie des organisations (L'), n° 86, Claude Menard.

Économie des relations interentreprises (L'), n° 165, Bernard Baudry.

Économie des réseaux, n° 293, Nicolas Curien.

Économie des ressources humaines, n° 271, François Stankiewicz.

Économie des ressources naturelles, n° 406, Gilles Rotillon.

Économie du droit, n° 261, Thierry Kirat.

Économie du Japon (L'), n° 235, Évelyne Dourille-Feer.

Économie du risque pays, n° 421, Nicolas Meunier et Tania Sollogoub.

Économie du sport (L'), n° 309, Jean-François Bourg et Jean-Jacques Gouguet.

Économie et écologie, n° 158, Franck-Dominique Vivien.

Économie expérimentale (L'), n° 423, Nicolas Eber et Marc Willinger.

Économie informelle dans le tiers monde, n° 155, Bruno Lautier.

Économie marxiste du capitalisme, n° 349, Gérard Duménil et Dominique Lévy.

Économie mondiale 2006 (L'), n° 426, CEPII.

Économie politique de l'entreprise, n° 392, François Eymard-Duvernay.

Économie postkeynésienne, n° 384, Marc Lavoie.

Emploi en France (L'), n° 68, Dominique Gambier et Michel Vernières.

Éthique économique et sociale, n° 300, Christian Arnsperger et Philippe Van Parijs.

France face à la mondialisation (La), n° 248, Anton Brender.

France face aux marchés financiers (La), n° 385, Anton Brender.

Grandes économies européennes (Les), n° 256, Jacques Mazier.

SOCIOLOGIE

Catégories socioprofessionnelles (Les), n° 62, Alain Desrosières et Laurent Thévenot.

Conditions de travail (Les), n° 301, Michel Gollac et Serge Volkoff.

Critique de l'organisation du travail, n° 270, Thomas Coutrot.

Culture matérielle (La), n° 431, Marie-Pierre Julien et Céline Rosselin.

Démocratisation de l'enseignement (La), n° 345, Pierre Merle.

Économie sociale (L'), n° 148, Claude Vienney.

Ergonomie (L'), n° 43, Françoise Darse et Maurice de Montmollin.

Étudiants (Les), n° 195, Olivier Galland et Marco Oberti.

Féminin, masculin, n° 389, Michèle Ferrand.

Formation professionnelle continue (La), n° 28, Claude Dubar.

Histoire de la sociologie :
1. Avant 1918, n° 109,
2. Depuis 1918, n° 110,
Charles-Henry Cuin et François Gresle.

Histoire du féminisme, n° 338, Michèle Riot-Sarcey.

Histoire du travail des femmes, n° 284, Françoise Battagliola.

Insécurité en France (L'), n° 353, Philippe Robert.

Jeunes (Les), n° 27, Olivier Galland.

Jeunes et l'emploi (Les), n° 365, Florence Lefresne.

Méthode en sociologie (La), n° 194, Jean-Claude Combessie.

Méthodes de l'intervention psychosociologique (Les), n° 347, Gérard Mendel et Jean-Luc Prades.

Méthodes en sociologie (Les) : l'observation, n° 234, Henri Peretz.

Métiers de l'hôpital (Les), n° 218, Christian Chevandier.

Mobilité sociale (La), n° 99, Dominique Merllié et Jean Prévot.

Modernisation des entreprises (La), n° 152, Danièle Linhart.

Multiculturalisme (Le), n° 401, Milena Doytcheva.

Notion de culture dans les sciences sociales (La), n° 205, Denys Cuche.

Nouveau système français de protection sociale (Le), n° 382, Jean-Claude Barbier et Bruno Théret.

Personnes âgées (Les), n° 224, Pascal Pochet.

Santé des Français (La), n° 330, Haut comité de la santé publique.

Sciences de l'éducation (Les), n° 129, Éric Plaisance et Gérard Vergnaud.

Société du risque (La), n° 321, Patrick Peretti Watel.

Sociologie de Durkheim (La), n° 154, Philippe Steiner.

Sociologie de Erving Goffman (La), n° 416, Jean Nizet et Natalie Rigaux.

Sociologie de Georg Simmel (La), n° 311, Frédéric Vandenberghe.

Sociologie de l'architecture, n° 314, Florent Champy.

Sociologie de l'art, n° 328, Nathalie Heinich.

Sociologie de l'éducation, n° 169, Marlaine Cacouault et Françoise Œuvrard.

Sociologie de l'emploi, n° 132, Margaret Maruani et Emmanuèle Reynaud.

Sociologie de l'immigration, n° 364, Andrea Rea et Maryse Tripier.

Sociologie de l'organisation sportive, n° 281, William Gasparini.

Sociologie de la bourgeoisie, n° 294, Michel Pinçon et Monique Pinçon-Charlot.

Sociologie de la consommation, n° 319, Nicolas Herpin.

Sociologie de la lecture, n° 376, Chantal Horellou-Lafarge et Monique Segré.

Sociologie de la négociation, n° 350, Reynald Bourque et Christian Thuderoz.

Sociologie de la prison, n° 318, Philippe Combessie.

Sociologie de la ville, n° 331, Yankel Fijalkow.

Sociologie de Marx (La), n° 173, Jean-Pierre Durand.

Sociologie de Norbert Elias (La), n° 233, Nathalie Heinich.

Sociologie de Paris, n° 400, Michel Pinçon et Monique Pinçon-Charlot.

Sociologie des cadres, n° 290, Paul Bouffartigue et Charles Gadea.

Sociologie des changements sociaux (La), n° 440, Alexis Trémoulinas.

Sociologie des comportements sexuels, n° 221, Maryse Jaspard.

Sociologie des employés, n° 142, Alain Chenu.

Sociologie des entreprises, n° 210, Christian Thuderoz.

Sociologie des mouvements sociaux, n° 207, Erik Neveu.

Sociologie des organisations, n° 249, Lusin Bagla.

Sociologie des pratiques culturelles, n° 418, Philippe Coulangeon.

Sociologie des publics, n° 366, Jean-Pierre Esquenazi.

Sociologie des relations professionnelles, n° 186, Michel Lallement.

Sociologie des réseaux sociaux, n° 398, Pierre Mercklé.

Sociologie des syndicats, n° 304, Dominique Andolfatto et Dominique Labbé.

Sociologie du chômage (La), n° 179, Didier Demazière.

Sociologie du crime (La), n° 435, Philippe Robert.

Sociologie du droit, n° 282, Évelyne Séverin.

Sociologie du sida, n° 355, Claude Thiaudière.

Sociologie du sport, n° 164, Jacques Defrance.

Sociologie du travail (La), n° 257, Sabine Erbès-Seguin.

Sociologie économique (La), n° 274, Philippe Steiner.

Sociologie et anthropologie de Marcel Mauss, n° 360, Camille Tarot.

Sondages d'opinion (Les), n° 38, Hélène Meynaud et Denis Duclos.

Syndicalisme enseignant (Le), n° 212, Bertrand Geay.

Système éducatif (Le), n° 131, Maria Vasconcellos.

Théories sociologiques de la famille (Les), n° 236, Catherine Cicchelli-Pugeault et Vincenzo Cicchelli.

Travail et emploi des femmes, n° 287, Margaret Maruani.

Travailleurs sociaux (Les), n° 23, Jacques Ion et Bertrand Ravon.

Urbanisme (L'), n° 96, Jean-François Tribillon.

Violences contre les femmes (Les), n° 424, Maryse Jaspard.

SCIENCES POLITIQUES-DROIT

Aménagement du territoire (L'), n° 176, Nicole de Montricher.

Collectivités locales (Les), n° 242, Jacques Hardy.

Constitutions françaises (Les), n° 184, Olivier Le Cour Grandmaison.

Construction européenne (La), n° 326, Guillaume Courty et Guillaume Devin.

Décentralisation (La), n° 44, Xavier Greffe.

DOM-TOM (Les), n° 151, Gérard Belorgey et Geneviève Bertrand.

Droits de l'homme (Les), n° 333, Danièle Lochak.

Droit du travail (Le), n° 230, Michèle Bonnechère.

Droit international humanitaire (Le), n° 196, Patricia Buirette.

Droit pénal, n° 225, Cécile Barberger.

Économie politique internationale, n° 367, Christian Chavagneux.

Évaluation des politiques publiques (L'), n° 329, Bernard Perret.

Fonction publique (La), n° 189, Luc Rouban.

Gouvernance de la mondialisation (La), n° 403, Jean-Christophe Graz.

Histoire de l'administration, n° 177, Yves Thomas.

Histoire des idées politiques en France au XIXe siècle, n° 243, Jérôme Grondeux.

Histoire des idées socialistes, n° 223, Noëlline Castagnez.

Histoire du Parti communiste français, n° 269, Yves Santamaria.

Introduction à la philosophie politique, n° 197, Christian Ruby.

Introduction au droit, n° 156, Michèle Bonnechère.

Islam (L'), n° 82, Anne-Marie Delcambre.

Justice en France (La), n° 116, Dominique Vernier.

Nouvelle Constitution européenne (La), n° 380, Jacques Ziller.

ONG (Les), n° 386, Philippe Ryfman.

ONU (L'), n° 145, Maurice Bertrand.

Philosophie de Marx (La), n° 124, Étienne Balibar.

Politique de la famille (La), n° 352, Jacques Commaille, Pierre Strobel et Michel Villac.

Postcommunisme en Europe (Le), n° 266, François Bafoil.

Régime politique de la Ve République (Le), n° 253, Bastien François.

Régimes politiques (Les), n° 244, Arlette Heymann-Doat.

Sociologie historique du politique, n° 209, Yves Déloye.

Sociologie des relations internationales, n° 335, Guillaume Devin.

Sociologie de la vie politique française, n° 402, Michel Offerlé.

Sociologie du phénomène Le Pen, n° 428, Jacques Le Bohec.

Syndicalisme en France depuis 1945 (Le), n° 143, René Mouriaux.

Théories de la république (Les), n° 399, Serge Audier.

Union européenne (L'), n° 170, Jacques Léonard et Christian Hen.

HISTOIRE

Affaire Dreyfus (L'), n° 141, Vincent Duclert.

Archives (Les), n° 324, Sophie Cœuré et Vincent Duclert.

Catholiques en France depuis 1815 (Les), n° 219, Denis Pelletier.

Chronologie de la France au XXe siècle, n° 286, Catherine Fhima.

État et les cultes (L'). *1789-1905*, 2005, n° 434, Jacqueline Lalouette.

Franc-maçonneries (Les), n° 397, Sébastien Galceran.

Front populaire (Le), n° 342, Frédéric Monier.

Guerre froide (La), n° 351, Stanislas Jeannesson.

Histoire de l'Algérie coloniale, 1830-1954, n° 102, Benjamin Stora.

Histoire de l'Algérie depuis l'indépendance, 1. 1962-1988, n° 316, Benjamin Stora.

Histoire de l'immigration, n° 327, Marie-Claude Blanc-Chaléard.

Histoire de l'URSS, n° 150, Sabine Dullin.

Histoire de la guerre d'Algérie, 1954-1962, n° 115, Benjamin Stora.

Histoire de la Turquie contemporaine, n° 387, Hamit Bozarslan.

Histoire des États-Unis depuis 1945 (L'), n° 104, Jacques Portes.

Histoire du Maroc depuis l'indépendance, n° 346, Pierre Vermeren.

Histoire du parti socialiste, n° 222, Jacques Kergoat.

Histoire du radicalisme, n° 139, Gérard Baal.

Histoire en France (L'), n° 84, Collectif.

Histoire politique de la IIIe République, n° 272, Gilles Candar.

Histoire politique de la IVe République, n° 299, Éric Duhamel.

Introduction à la socio-histoire, n° 437, Gérard Noiriel.

Introduction à l'histoire de la France au XXe siècle, n° 285, Christophe Prochasson.

Judaïsme (Le), n° 203, Régine Azria.

Pierre Mendès France, n° 157, Jean-Louis Rizzo.

Politique étrangère de la France depuis 1945 (La), n° 217, Frédéric Bozo.

Protestants en France depuis 1789 (Les), n° 273, Rémi Fabre.

Question nationale au XIXe siècle (La), n° 214, Patrick Cabanel.

Régime de Vichy (Le), n° 206, Marc Olivier Baruch.

Santé au travail (La), n° 438, S. Buzzi, J.-C. Devinck et P.-A. Rosental.

GESTION

Analyse financière de l'entreprise (L'), n° 153, Bernard Colasse.

Audit (L'), n° 383, Stéphanie Thiéry-Dubuisson.

Calcul des coûts dans les organisations (Le), n° 181, Pierre Mévellec.

Comptabilité anglo-saxonne (La), n° 201, Peter Walton.

Comptabilité en perspective (La), n° 119, Michel Capron.

Contrôle budgétaire (Le), n° 340, Nicolas Berland.

Contrôle de gestion (Le), n° 227, Alain Burlaud et Claude J. Simon.

Éthique dans les entreprises (L'), n° 263, Samuel Mercier.

Gestion des ressources humaines (La), n° 415, Anne Dietrich et Frédérique Pigeyre.

Gouvernance de l'entreprise (La), n° 358, Roland Perez.

Introduction à la comptabilité d'entreprise, n° 191, Michel Capron et Michèle Lacombe-Saboly.

CULTURE-COMMUNICATION

Classiques

R E P È R E S

Dictionnaires

R E P È R E S

Guides

R E P È R E S

Manuels

R E P È R E S

Composition Facompo, Lisieux (Calvados)
Achevé d'imprimer en février 2006 sur les presses de l'imprimerie
Europe Media Duplication à Lassay-les-Châteaux (Mayenne)
Dépôt légal : février 2006
N° de dossier : 14929

Imprimé en France